CABANES

Joaquin RUIZ

Droits d'auteur © 2015 Joaquin Ruiz

Tous droits réservés

ISBN-13 : 978-2-9552017-6-3

Dépôt légal : juin 2015

CABANES

Cinq histoires tragiques qui se déroulent auprès de cinq cabanes différentes situées autour du même village.

Des cabanes en bois ou en pierre, en ruines ou toutes neuves.

Des histoires d'enfants, d'adolescents ou d'adultes.

Des histoires de plaisir et de souffrance, d'amour et de haine, de jeu et de guerre, de vie et de mort, de transgression et de folie aussi.

Joaquin Ruiz, après avoir été professeur agrégé de philosophie au Lycée du Mirail, a exercé le métier de psychiatre et de psychothérapeute à Toulouse.

Il a publié précédemment « Dits et interdits », « Scopies », « Lecture de Spinoza », « Un Nobel à Davos » et « Un hiver dans le Tarn ».

PEGGY

Mercredi

Peggy a disparu cet après-midi. Ils l'ont annoncé aux infos de FR3. Sa mère et son beau-père ont lancé des appels pour qu'on les aide à la retrouver. Ils ont montré une photo un peu ancienne, une espèce de Polaroïd, où elle a l'air d'avoir huit ans, et puis ses cheveux ne sont pas du tout pareils : ils sont plus rouquins, avec des anglaises qui lui donnent un petit air XIX° siècle.

Elle était avec ses parents et son petit frère au bord de la piscine du VVF cet après-midi-là. Ses parents sont partis vers seize heures faire des courses au supermarché avec le petit frère, et puis à leur retour, vers dix huit heures trente, elle n'était pas rentrée après la fermeture. Ils ont fait le tour. Sa serviette mauve n'était pas là non plus. Puis ils ont demandé aux gens qui étaient là : les employés n'avaient rien remarqué. Ils ont fait encore avec eux le tour de la piscine, du bar, du vestiaire, des alentours, des sentiers vers la rivière : rien. Ils se sont mis alors à l'appeler, puis à courir un peu dans tous les sens : toujours rien. Ce n'est qu'à vingt heures qu'ils se sont décidés à alerter la gendarmerie.

Peggy

Moi, Peggy, je la connais bien. Elle est arrivée au VVF début juillet avec son petit frère, sa mère et son beau-père. Ce sont des Anglais. C'est la première fois qu'ils viennent ici. Elle se baigne à la piscine tous les après-midi, alors j'ai eu le temps de la voir, et de comprendre aussi tout ce qui se trame autour d'elle.

C'est la plus jolie fille de la piscine. Ça, y a pas photo. Tout le monde l'a tout de suite repérée. Elle a des boucles blondes presque rousses, comme les Irlandaises, des taches de rousseur partout, surtout sur le visage. Elle a deux bikinis, un rouge et un bleu, à pois blancs tous les deux. Elle a des jambes longues, fines et musclées comme les coureuses de 400 mètres, et des petits seins dont on voit le bout pointu sous le maillot. Elle court toujours, saute partout, se jette dans l'eau en faisant la bombe, mais fait aussi un crawl de folie en pivotant comme un poisson sur toute la longueur. C'est une sportive qui ne tient jamais en place. Et puis c'est bizarre : elle est aussi grande que moi, on dirait une fille de mon âge ; mais quand on regarde bien ses yeux et son visage de près on voit qu'elle est toute jeune en fait. Elle est en sixième alors qu'on dirait une troisième. C'est ça son truc. Alors ça me fait bizarre.

Elle rit toujours. Elle est jamais triste. Elle boude jamais. Alors que les autres filles au bord de la piscine font toujours ostensiblement la gueule en se faisant bronzer côté pile puis côté face sur leur serviette, genre « C'est trop nul, je suis obligée de passer mes vacances avec mes parents dans ce village de ploucs. La piscine est trop naze, y a pas de boîte de nuit à moins de dix kilomètres, j'en peux plus, vivement qu'on retourne en ville… »

Peggy, elle, a l'air heureuse d'être ici, et elle le montre.

Elle parle en anglais très vite, mais aussi en français, plus lentement, en s'appliquant. Tout le monde la regarde quand elle marche sur le bord. Comment veux-tu qu'elle passe inaperçue ?

Depuis qu'elle est là, je vais à la piscine tous les après-midi. Je m'installe un peu au-dessus d'elle, sur l'herbe en pente, et je la regarde mine de rien derrière mes lunettes de soleil. Je reste sur ma serviette. Je ne bouge pas de l'après-midi. Je ne vais jamais me baigner. J'aime pas l'eau. J'ai surtout horreur de marcher en maillot devant tout le monde pour aller me baigner. Ils me regardent tous et se foutent de ma gueule : trop grand, trop maigre, trop voûté, trop blanc, pas de poils, pas bronzé, pas musclé, boutonneux, binoclard myope... Alors je ne bouge pas de l'après-midi et je reste sur ma serviette, caché derrière mes lunettes, en faisant semblant de lire un polar de Jean Bruce.

En fait j'ai horreur de ce genre de bouquin : ce que je lis le soir en rentrant chez mes parents c'est Pascal ou Montaigne. Ça c'est la classe. Mais je ne peux pas les lire au bord de la piscine. Ça je ne le dis à personne.

Sauf à Leo.

Leo c'est mon seul vrai copain. Depuis toujours. Il vient dès que je l'appelle, et je peux tout lui dire : je suis sûr qu'il ne le répète à personne. Et puis il me dit toujours ce que je devrais faire ou ce qu'il aurait fait à ma place. Je suis toujours d'accord avec ce qu'il me dit. On est pareils. Les gens qui ne nous connaissent pas nous prennent pour des jumeaux.

Ma mère n'est pas au courant qu'il vient discuter avec moi tous les soirs : je le fais entrer en douce par la porte de derrière, et vers minuit il rentre chez lui sans bruit.

Je crois que ma mère n'apprécie pas trop Leo. Elle, ce qu'elle voudrait, c'est que je sorte de ma chambre plus souvent, que je sorte de mes livres et de mon ordi, que je mange les mêmes choses qu'eux aux mêmes heures qu'eux, et surtout que je regarde la télé avec tout le monde, au moins les infos : ça c'est son obsession, les infos, parce que « ça me remet dans la réalité ». Mais c'est pas possible. Les infos c'est trop flippant pour moi : que des guerres, des bombardements, des meurtres, des famines, des incendies, des tremblements de terre, des inondations, des éruptions, des catastrophes ferroviaires, des émeutes, des coups d'Etat, des génocides, des règlements de compte. Des trucs que je ne peux pas contrôler et que je ne peux pas réparer. A quoi bon me faire du mal ? Alors la télé je ne peux plus. Définitif.

Ce que j'aime bien par contre c'est me balader tout seul sur les sentiers de la forêt au-dessus du VVF. Je m'enfonce sous les hêtres et je découvre des cabanes de pierre abandonnées qui servaient autrefois aux bergers et aux chasseurs, au XX° ou même au XIX° siècle. Les murs de pierre ont tenu. Le toit de lauzes est parfois tombé. Il y en a une que j'aime beaucoup, juste en face de Sarrasí : elle est tout à fait en haut, très loin de la route, cachée au milieu d'un fouillis de ronces, invisible. Ce qui est bien c'est qu'il y a une toute petite source silencieuse juste à côté, que personne n'a repérée, sauf ceux qui avaient construit la cabane bien sûr. L'eau est fraîche et transparente, et coule toujours, même en été. J'ai juste coupé des grosses branches pour refaire un toit, j'ai caché l'entrée avec des feuillages : à cinq mètres tu la vois pas. J'ai planqué tous les outils, hachette, scie, pelle, sous des feuilles et des pierres.

C'est ma cabane.

La première fois où j'ai parlé à Peggy c'était en sortant de la piscine à la fermeture, à dix huit heures. C'était le treize juillet, la veille du feu d'artifice. Ses parents étaient déjà partis ce jour-là, avec le petit frère, faire des courses au Super U. Elle m'a souri en passant devant moi et je lui ai dit :

« Bonjour ! Je m'appelle Tom ! Tu n'es pas d'ici ?

— Non. J'habite à Trowbridge en Angleterre. Je m'appelle Peggy. J'ai presque onze ans. J'ai un petit frère, Dylan. Je suis venue avec ma maman et mon beau-père Andrew. On est là pour tout le mois de juillet. Après, en août, j'irai chez ma mamie à Bristol.

— Super ! Tu aimes la nature ? Si tu veux, je peux te montrer un peu les alentours du village. Tu aimes les sentiers en forêt ? Si tu as le temps je peux même te montrer le coin que je préfère. Mon coin.»

Elle m'a souri à nouveau et m'a suivi, ravie : «Yes ! Of course Tom ! Great ! »

Elle marchait bien, même en tongs, sa serviette mauve, enroulée autour de son buste et de sa taille, lui donnait un air de statue grecque. Elle n'a eu aucun mal à monter sur mes talons jusqu'à ma cabane en pierres. C'était une sacrée sportive. Elle était toute contente qu'un autochtone lui fasse découvrir les secrets de la montagne.

Pour la première visite je ne lui ai quand même pas montré tous mes outils, ni les petits objets secrets que j'avais cachés un peu partout autour de la cabane, ni tous les signaux protecteurs suspendus dans les arbres pour éloigner les mauvaises personnes. Mais elle était quand même ravie : « Nice stone cabin ! Thank you Tom !»

On s'est un peu assis dans la cabane sur le banc en granit que j'avais fabriqué l'an dernier avec des rochers plats couverts de mousse. Et on a écouté les derniers chants des oiseaux, pendant que le soleil devenait tout rouge là-bas, derrière la crête de Sarrasí, après avoir décidé de se coucher vers Castres.

Je l'ai ensuite raccompagnée au VVF en lui demandant de ne rien dire à ses parents. Elle a souri et a eu l'air tout de suite ravie que je lui demande de tenir cette visite secrète. Avant de rentrer au village elle m'a fait une bise sur la joue : « Thank you Tom ! See you tomorrow ? », puis est partie en courant.

Il faut surtout que j'aie l'air de rien, que personne ne sache. Je suis en plein dans les secrets : ma cabane secrète que nous sommes seuls à connaître Leo et moi, et maintenant cette visite encore plus secrète avec Peggy.

Je n'ai pas commencé à lui parler vraiment, mais il faudra bien que je lui dise que j'ai vu des choses se tramer et que je m'inquiète pour elle. C'est pour ça que je me suis finalement décidé à la contacter.

J'espère que personne ne nous a vus nous éloigner ensemble dans la forêt, et qu'elle ne va pas en parler à ses parents.

Le lendemain, quatorze juillet, je l'ai observée tout l'après-midi à la piscine. Comme je le lui avais demandé, elle n'est pas venue me voir : elle s'est contentée d'un petit coucou presque imperceptible de loin, en faisant pivoter sa main, à l'anglaise. J'ai bien regardé si personne ne s'approchait d'elle dans l'eau en nageant, si personne ne venait s'allonger près de sa serviette, si personne ne lui parlait quand elle est allée acheter une glace au bar. Sa mère lui passait de la crème solaire sur le dos très souvent, parce que sa peau fine et blanche, pleine de taches de rousseur, rougit très vite, un peu comme moi. J'aime pas quand c'est son beau-père qui lui passe la crème. Il n'a qu'à s'occuper de son fils. Après tout, il n'est pas son père.

Après le repas du soir on est allés s'installer sur le Pont Vieux, Leo et moi, pour voir le feu d'artifice qui démarrait à vingt deux heures en aval. Je lui ai montré Peggy de loin. Elle avait mis ce soir-là un débardeur vert et un mini short blanc, très moulants tous les deux. Ses cheveux flamboyaient au dessus. Elle dépassait les autres d'une tête. Une vraie déesse. Leo était impressionné. Il me l'a même dit. J'étais heureux de pouvoir la protéger de loin sans que personne le sache. Elle ne s'est pas éloignée de ses parents ce soir-là. Je n'ai pas cherché à lui dire bonsoir, et, après le bouquet final, ils sont repartis à pied tous les quatre vers le VVF. C'était une bonne journée.

Il nous restait encore deux semaines de vacances avant son départ vers Bristol. Je devais la protéger jusque là.

Jeudi

C'est la panique partout. Tout le village sait que Peggy a disparu hier, alors qu'elle était au bord de la piscine. Les gendarmes ont quadrillé tout le périmètre, ils ont fait appel à une équipe spécialisée venue de Toulouse, avec des chiens et tout. Ils ont interrogé tous les employés présents à ce moment-là. Mais moi je sais bien qu'ils n'interrogent pas les bonnes personnes. C'est normal : ils n'ont pas repéré tout ce qui s'était passé ces jours derniers autour d'elle.

Leo et moi on est les seuls à savoir : on a déjà toute une liste de suspects, et il y en a un paquet. On a décidé de se répartir le travail, de suivre chacun d'eux pendant la journée, et puis de nous retrouver tous les soirs dans ma chambre pour faire le point sur la progression de l'enquête.

Andrew

Celui auquel j'ai pensé tout de suite, c'est Andrew son beau-père. C'est un rugbyman gallois, une armoire à glace aux cheveux roux rasés en brosse, une brute. A la piscine il fait le gros nounours, gentil et attentionné avec sa femme, son fils et Peggy, mais j'ai bien repéré ses petits yeux de cochon vicieux. Il s'arrange toujours pour la suivre dans l'eau quand sa femme somnole, il nage autour d'elle, fait semblant de jouer pour la toucher sous l'eau, la faire couler ou la faire monter sur ses épaules pour ensuite la faire plonger par-dessus sa tête. Quand ils sortent de l'eau il s'allonge à côté d'elle et lui passe de la crème solaire sur les épaules et dans le creux des reins, genre « je suis un père protecteur » et là il le fait avec des gestes très doux comme des caresses, à mon avis c'est pas du tout un massage paternel normal. Tout le monde croit que c'est son père, mais moi je sais bien que non : c'est pas clair tout ça. Tu vois pas qu'il l'ait violée un jour en douce et qu'il ait fait disparaître le corps dans la nature de peur qu'elle parle. Ça ne m'étonnerait pas du tout.

C'est de lui que j'ai parlé tout de suite à l'adjudant Phalippou. Il est allé fouiller leur appart au VVF sous prétexte de prendre quelques affaires de Peggy pour les faire renifler par le chien de la brigade canine. Il en a profité pour lui faire préciser son emploi du temps le jour de la disparition. Le mercredi après-midi il n'avait pas quitté sa femme et son fils. Ils avaient laissé Peggy à la piscine vers seize heures, parce qu'elle n'aimait pas faire les courses avec eux au supermarché. Et ils ne l'avaient pas retrouvée au retour.

Erwan

Sinon il y a Erwan. C'est un garçon de mon âge mais qui a l'air d'avoir cinq ans de plus que moi. Il était dans ma classe de troisième. Grand, baraqué, plein de poils sous le nez et sur les joues, grande gueule, frimeur, mauvais élève, fumeur, dealer, la vedette, toujours entouré de petits cons qui le badent et qui acceptent d'être ses souffre-douleurs juste pour être arrosés par quelques gouttes de son prestige. Toutes les filles du Collège sont fascinées par lui : dès qu'il en a coincé une un soir derrière le VVF, elle laisse entendre à toutes ses copines qu'elle est « sortie » avec lui, ou même qu'ils sont désormais « ensemble », genre « c'était trop bien, je peux pas t'en dire plus ».

Je l'ai repéré à la piscine : dès que Peggy arrive et s'allonge, il se pointe en roulant les mécaniques, passe et repasse devant elle en lui balançant un coup d'oeil à chaque fois, mais comme elle n'est jamais seule il n'ose pas lui parler. De toute façon, qu'est-ce qu'il pourrait bien lui dire cet inculte ?

« Salut beauté ! C'est la première fois que tu viens ici ? Tu es anglaise ! C'est trop cool ! Comment ça onze ans ? tu rigoles ! on t'en donnerait quinze ! t'es trop canon ! t'es la prochaine Miss Angleterre, sûr ! J'adore le rock anglais. Je peux t'en faire écouter. J'en ai plein sur mon iPod. »

Voilà ce qu'il lui dirait je suppose, s'il osait lui parler. Enfin, si l'on peut appeler ça parler.

Yann

Il y a Yann aussi. Le maître-nageur du VVF. Alerte à Malibu ! Maillot rouge, moulant tout ce que l'on peut mouler. Barres de chocolat à la place du bide normal, rond et mou. Epaules égyptiennes béton en triangle isocèle la pointe en bas. Quadriceps de taureau en fuseau, eux aussi pointe en bas. La plupart du temps il reste assis à la terrasse du bar à glander, pardon, à surveiller le bain en discutant avec ses potes, mais de temps en temps une nana qui passe réveille brusquement son neurone disponible. Alors il se lève en roulant les mécaniques, se dirige vers la serviette de la nana, surtout si elle est seule, ou même seule avec ses mômes, enfin sans mec quoi, sinon il s'abstient : il respecte les règles du savoir-vivre, Yann. C'est un pro.

Yann je l'ai vu faire. Avec la mère de Peggy aussi, un jour où Andrew n'était pas là. Il a été très chaud avec elle. Il s'est même assis à côté de sa serviette, appuyé sur un coude, et a essayé de lui parler en anglais. Elle l'a pris à la rigolade et l'a vite envoyé rouler les mécaniques ailleurs. Dommage, parce que j'aurais bien aimé voir les deux coqs, le gallois et le français, se prendre le bec et s'arracher les plumes. Il s'est calmé quelque temps, et puis, un jour où Peggy avait fait dans la piscine une bombe un peu trop bruyante, il est allé lui parler gentiment pour la rappeler à l'ordre, il lui a même glissé quelques mots à l'oreille, puis pour faire la paix, lui a passé la main dans les cheveux et mis le bras sur les épaules. Genre « Allez je suis magnanime, ma petite ». L'ordure.

Je suis sûr qu'il a déjà essayé de la coincer derrière les vestiaires ou même dans les douches. J'en ai parlé à Leo. Il est d'accord avec moi : ça lui est déjà arrivé, avec un autre maître-nageur, de se faire coincer sous la douche à poil. Ils profitent tous de la situation : tout le monde est en maillot, on rigole, c'est l'été, la vie est belle, et hop ! Ils se la jouent cool. Ils sont sûrs que personne ne dira rien. C'est la fête ! Yann c'est un enfoiré, un gars qui drague toutes les nanas, vieilles ou jeunes, sans état d'âme. Un prédateur. Il est capable de tout.

Mais Phalippou m'a dit que ce jour-là il avait été en service toute la journée, c'est-à-dire assis devant la buvette. Tout le monde l'a vu. Il n'avait pas pu s'absenter en fin d'après-midi, et avait participé au début des recherches avec les autres employés et les parents de Peggy. Donc impossible.

Lucas

Je me demande si Lucas n'aurait pas pu faire le coup.

Lucas c'est le patron du Café du Commerce. C'est lui qui l'été tient en plus la buvette de la piscine. Il est marié, a trois gosses, mais regarde sans arrêt les jeunes qui viennent jouer au flipper dans son bar, garçons ou filles d'ailleurs, ça ne le dérange pas. L'an dernier il m'avait demandé, un jour que le café était vide, de descendre avec lui à la cave pour l'aider à remonter une caisse de bouteilles un peu trop lourde pour ses petits bras. Il avait soulevé la trappe qui est derrière le comptoir et on était descendus par l'échelle de meunier. En bas il m'avait montré son stock réparti sur des étagères et surtout l'armoire aux vins fins, fermée à clef. Il avait une voix bizarre, un peu chevrotante et étranglée, comme s'il avait peur. Et puis tout d'un coup il m'a attrapé par les épaules avec son bras gauche et a commencé à me caresser la braguette avec sa main droite. Je me suis débattu, échappé, et j'ai remonté l'échelle en courant. Depuis j'ai plus remis les pieds dans son bistrot. Je n'en ai parlé qu'à Leo. Il a bien rigolé et m'a dit qu'il lui avait fait le coup de la cave à lui aussi. Mais Leo lui avait envoyé un coup de genou dans les glaouis et était parti en l'insultant. Depuis il a très peur que Leo raconte tout à ses enfants ou à sa femme, ou aux gendarmes…

Au fait, il faudra que j'en parle à l'adjudant Phalippou et que je lui conseille de faire fouiller cette cave. S'il faut il l'a enterrée là-dessous après l'avoir violée…

Mais Lucas tenait la buvette de la piscine ce mercredi-là. Il n'a pas bougé de son comptoir jusqu'à la fermeture à dix huit heures. Tous les témoins sont formels m'a dit Phalippou. Ça ne peut pas être lui. Du coup je n'ai pas parlé de la séance dans la cave du bistrot. Je verrai avec Leo si on le dénonce ce coup-ci ou si on attend encore un peu pour frapper un grand coup.

Cédric

Mon coiffeur, Cédric, je m'en méfie beaucoup. Il a une voix de fille, des manières de fille. Quand il me fait le shampooing il me masse très doucement la peau du crâne et il fait durer ça beaucoup trop longtemps. Je suis sûr que c'est pas normal. Il me parle sans arrêt de mes beaux cheveux blonds et bouclés, me dit que j'ai de la chance, alors que lui est pratiquement obligé de se raser le crâne parce qu'il n'aime pas ses cheveux noirs raides comme des bâtons. Il a une boucle d'oreille à gauche, je ne sais pas ce que ça veut dire, mais ça fait un peu homo. Un serpent tatoué sur le côté droit du cou, et des tas de bagues avec des têtes de mort. Il arrête pas de me caresser les cheveux pendant qu'il les taille.

Et puis le lundi, comme le salon de coiffure est fermé, il passe toute la journée à la piscine. Il a toujours un maillot de bain minuscule, on dirait presque un string. Il se fait badigeonner de crème solaire par ses copains. Il se promène en tortillant du cul sur le bord du bassin. Il mate tout le monde, mais surtout les ados, garçons ou filles. Il repère ceux qui sont venus sans leurs parents, va s'allonger près d'eux, leur offre des sodas et des glaces, et leur pose des tas de questions sur leur vie. Il a trente cinq ans mais il n'est jamais avec les gens de son âge. On dirait qu'il est complexé et qu'il ne se sent à l'aise qu'avec des plus jeunes. Ou qu'il refuse de grandir. Ou qu'il a peur de vieillir.

En tout cas je l'ai signalé à l'adjudant : ce jour-là c'était mercredi, mais Cédric était en congé, comme par hasard. Pourquoi ? je ne sais pas. Il a été là toute la journée. C'était sa journée. C'était lui la vedette. « Autrefois c'était le lundi la journée des coiffeurs ! » lui avait même lancé Lucas à la buvette. Ils s'entendent comme larrons en foire ces deux-là. En fin d'après-midi il a brusquement disparu. Je me suis levé pour essayer de continuer à le surveiller. J'ai fait le tour des bâtiments sans le trouver et quand je suis revenu, Peggy était partie elle aussi : plus de

Peggy, plus de serviette mauve, et plus de Cédric.

Phalippou m'a écouté attentivement, a tout noté dans son carnet bleu, m'a remercié et m'a dit que si j'avais d'autres pistes ou si j'avais remarqué d'autres trucs bizarres, je n'hésite pas à lui en parler.

Il est très bien Phalippou. On travaille ensemble sur cette affaire, Leo, Phalippou et moi. On va arriver à le coincer, le salaud qui a fait disparaître Peggy.

Ernest

Ernest, c'est Leo qui m'y a fait penser. C'est un vieux garçon de cinquante ans, qui travaille à l'usine textile comme contremaître et qui passe ses soirées au bistrot à jouer aux cartes. Il porte toujours un grand béret noir oblique incliné sur l'oreille gauche. Il traîne les pieds en marchant et a toujours l'air fatigué. Il lui manque l'oeil droit : il s'est pris un coup de bouteille à la fête du village il y a deux ans, parce qu'il se collait aux femmes par derrière et leur touchait les fesses pendant qu'elles regardaient les manèges. André, le fiancé de Laurence, s'en est aperçu, et comme il tenait sa bouteille de bière à la main, il la lui a fracassée sur la gueule. Ernest était en sang, on l'a amené aux urgences à Castres, il a perdu son oeil droit, il a porté plainte. Total, rien du tout : André a eu juste un rappel à la loi et ne lui a pas versé de « dommages et intérêts ». Les juges ont compris ce qui s'était passé, et ont bien vu à qui ils avaient affaire.

Alors depuis, il se tient loin des femmes fiancées ou mariées, mais il traîne souvent à la buvette de la piscine, alors qu'il ne se baigne jamais. Tu m'as compris. Il vient juste pour mater les petites jeunes, et essaie d'en repérer une qui soit venue sans ses parents. Je l'ai vu plusieurs fois : il attend qu'elles viennent au comptoir acheter leur soda, et là il commence à les baratiner et à leur offrir des glaces.

Dès que Leo m'en a parlé, j'ai tilté et je l'ai signalé à l'adjudant. Il a eu l'air content : un vieux garçon frustré, qui a peur de s'attaquer aux femmes mariées ou fiancées, qui se méfient de lui maintenant, avec son oeil de verre et sa cicatrice qui annoncent la couleur. Alors le VVF, la piscine, les petites estivantes, tout ça c'est pain bénit pour lui. Il a dû embobiner Peggy en se faisant passer pour un pauvre vieux sans enfant, abandonné de tous, et ravi d'offrir des glaces aux petites filles.

D'autant qu'il arrive toujours en fin d'après-midi, quand il quitte l'usine, au moment où les parents s'en vont faire les

courses en laissant les plus grands à la piscine.
Il a bien repéré le créneau, le fumier.

Bastien

J'ai failli l'oublier celui-là. Bastien, l'idiot du village, vingt cinq ans, vit chez ses parents, AAH, un séjour au moins par an à l'hôpital psychiatrique Pinel de Lavaur. En temps normal c'est un colosse gentil, un gros nounours maladroit et ballot. Mais quand il voit passer une ado, pour peu qu'elle ait des petits seins qui pointent, là il n'arrive plus à se tenir : il s'approche d'elle, se met à lui parler avec son ton mielleux, à lui offrir des Malabars, et à essayer de lui faire des bisous pour se faire remercier. D'habitude il est doux comme un agneau, mais quand il commence à monter et à piquer sa crise, il peut devenir impulsif, violent et imprévisible, surtout si les autres couillons du Café du Commerce commencent à l'exciter avec des plans foireux auprès des femmes mariées ou des filles en âge de se marier. Là il peut devenir dangereux, surtout s'il arrête de prendre son traitement pendant une semaine ou deux. Il a déjà assommé deux ou trois rugbymen éméchés qui se foutaient de sa gueule.

Alors Bastien, je vais en parler aussi à Phalippou, parce que Peggy il a pu la repérer quand elle traversait le village en short pour faire des courses avec ses parents : on peut pas la rater, c'est la vedette de la saison.

Le problème c'est qu'il va pas trop du côté de la piscine. Il reste au centre du village, autour des bistrots, ou à la rigueur vers les terrains de basket et de rugby, quand il y a un match. Mais on sait jamais. Je ne l'ai pas vu à la piscine ce mercredi-là, mais il pouvait aussi bien rôder autour…

Leo a un petit penchant pour lui : enlèvement, séquestration, viol et assassinat par un débile mental, demeuré et violent, ça lui conviendrait assez.

Phalippou moins. Il n'aime pas trop les procès médiatiques. Alors, pédophilie plus maladie mentale, c'est un peu beaucoup pour sa brigade. Il a peur que la télé se jette sur lui.

Phalippou a hérité de son grand-père Raysséguier, maquignon à Lacaune, des principes simples de bon sens : « Parler à la télé c'est pas bon pour un gendarme. La télé c'est pour le Procureur de la République. C'est son métier. Rassurer les gens et les endormir. Un gendarme, moins il parle, à la télé ou ailleurs, et mieux c'est, surtout s'il veut continuer sa carrière pépère au fond du Tarn. »

Vendredi

L'adjudant Phalippou est venu discuter vers dix-huit heures avec Leo et moi dans ma chambre, après s'être excusé auprès de ma mère. Il lui a dit que j'étais entendu juste comme témoin, et que je n'étais en rien suspect. Simplement je connaissais bien les gens qui gravitaient autour du VVF et de la piscine, et j'avais pu remarquer des petits détails importants pour faire avancer l'enquête.

Il avait l'air perplexe. Tous les suspects que nous avions repérés avaient été entendus : ils avaient tous un alibi béton, confirmé par plusieurs personnes fiables.

Aucune voiture suspecte n'avait été signalée, malgré les messages TV.

Personne n'avait vu Peggy depuis le mercredi seize heures.

Il était temps de passer au ratissage systématique de toute la commune par zones concentriques autour de la piscine. Phalippou allait faire une réunion de crise avec le Maire dès le lendemain matin et lancer un appel à volontaires, surtout aux chasseurs avec leurs chiens, auxquels il allait distribuer quelques vêtements de Peggy pour fixer leur flair. La brigade canine pour l'instant avait fait chou blanc, et Phalippou avait tendance à faire plus confiance aux chiens du coin qui connaissent bien toutes les planques possibles.

J'étais tout content de voir Phalippou dans cet état : enfin il se réveillait et passait à l'action. La situation avait révélé en lui un organisateur méthodique et même un meneur d'hommes. Diable ! Qui l'eût dit ?

Quand l'adjudant est parti, j'ai fait le résumé de la journée avec Leo.

Disparition, pas de demande de rançon, pas de lettre explicative, pas de coup de fil pour rassurer ses parents, pas d'aveu de fugue. Les copines à Trowbridge n'avaient rien reçu. La mamie à Bristol non plus.

Peggy avait juste sur elle un peu de monnaie pour les sodas et un téléphone à carte en cas d'urgence. Phalippou avait bien sûr fait vérifier tout de suite : il était hors d'usage ou on avait enlevé la puce, en tout cas non localisable.

La piste du prédateur sexuel semblait bien se préciser. Mais tous ceux auxquels nous avions pensé depuis le début nous faisaient faux bond : alibis systématiques pour tous. Il ne restait plus qu'un prédateur de passage, inconnu au village, et dont la voiture serait passée inaperçue. Ça devenait acrobatique. Et pour l'instant fortement aléatoire.

J'ai raccompagné Leo à la porte de derrière et je lui ai donné rendez-vous le lendemain à vingt heures, après le repas.

D'ici là il me fallait vérifier quelques détails.

Samedi

Tom sortit juste après le petit-déjeuner en annonçant à sa mère qu'il serait revenu vers midi. Elle lui demanda d'acheter en rentrant deux baguettes pas trop cuites chez Azéma et d'être à l'heure pour le repas.

Il avait décidé de remonter voir sa cabane au-dessus du VVF sans l'annoncer à personne. Même pas à Leo.

Une idée comme ça.

Peggy connaissait la cabane. Alors elle avait peut-être pu aller s'y planquer une nuit ou deux. Restait à savoir pourquoi.

A tout hasard il mit dans son sac à dos : une bouteille d'eau minérale du Mont Roucous, une boîte de thon à l'huile en conserve, un saucisson de Lacaune, une baguette pas trop cuite, un fromage de brebis bien sec, deux pommes golden, un Opinel, une boîte d'allumettes, une lampe de poche et un sac de couchage.

Après le VVF il se lança dans le sentier qui montait à pic vers la route de La Raviège, la traversa et s'enfonça dans les sous-bois. Malgré la chaleur de juillet, la rosée s'était déposée pendant la nuit sur l'humus et préservait une couche de fraîcheur sous la voûte des hêtres. Le silence n'était traversé que par des piaillements d'oiseaux. La forêt semblait vierge de toute présence humaine à cette heure-ci : pas de chasseurs, pas de cueilleurs de champignons, et pas de randonneurs (on était loin du GR). Juillet c'est tranquille. C'est après, à l'automne, que les ennuis commencent.

Le trajet vers sa cabane ne semblait pas avoir été piétiné. Les ronces n'avaient pas été coupées depuis la dernière fois. Il dégagea l'entrée et s'installa au fond sur son banc de pierre. Personne n'était venu : pas de mégot, pas de canette, pas de Kleenex, pas de boîte de conserve. Le secret de sa cabane était toujours bien gardé. Visiblement Peggy n'avait pas dormi ici. Et n'était peut-être même pas venue pendant la journée se reposer.

Mais il décida quand même de lui laisser son sac à dos, au cas où elle aurait l'idée de repasser par ici. Il lui ajouta même un post-it avec : « Peggy, je te laisse des vivres et je repasserai demain soir à la même heure. Ne t'inquiète pas : je ne dirai à personne où tu t'es réfugiée. Ici tu es à l'abri de tous ceux qui te veulent du mal, en bas, au village. Tom ».

Tom replaça les branches qui masquaient l'entrée, remit un peu d'ordre dans les feuilles par terre autour de la cabane. Il regarda l'ensemble satisfait : personne n'avait visiblement pu passer par ici ces derniers jours. Même si les chiens montaient, ils ne trouveraient rien : Peggy était tranquille. Elle pourrait venir se réfugier ici dès qu'elle en aurait besoin.

Il fallait à tout prix que Phalippou relance les recherches, ailleurs : Peggy s'était enfuie. Loin d'ici. Parce qu'elle se sentait en danger. Il avait bien dit à Phalippou qui étaient tous les prédateurs qui la surveillaient et qui étaient prêts à lui sauter dessus. Mais bien sûr, il n'avait aucune preuve. Alors il fallait l'inquiéter encore plus. C'était le message qu'il allait lui faire passer, et que Leo confirmerait : Peggy avait disparu pour se mettre à l'abri. A deux, ils arriveraient à le convaincre.

Phalippou voulait juste la retrouver. Eux voulaient la sauver.

Ça fait une sacrée différence.

Dimanche

Les recherches se poursuivent autour du village et dans la rivière. Pendant ce temps le Maire n'a pas osé annuler la fête foraine : il aurait eu une manif des forains sur le dos, à gérer en plus de tout le reste. Tom décida d'aller y faire un tour. Dans la foule peut-être que Peggy pourrait se faufiler et lui faire un signe discret. Ou peut-être qu'il allait repérer un type louche venu d'un village voisin. Les fêtes foraines ça attire toujours les mauvais garçons des alentours, et ça finit toujours en embrouille ou bagarre du côté des lampions du bal, à propos d'une fille serrée d'un peu trop près ou du dernier match de rugby qui s'est terminé en baston générale.

Tom retrouva Leo devant le bar de la rive gauche, et ils entrèrent dans la foule qui descendait la rue principale illuminée et se déversait sur l'esplanade, emplie du bruit assourdissant des manèges, musiques, sirènes, commentaires et appels hurlés dans les haut-parleurs. Par dessus cette avalanche de bruits planaient les odeurs sirupeuses et sucrées des confiseurs, et les fumées des merguez cramées qui s'infiltraient partout et piquaient les yeux.

Tous les ados étaient perchés sur la rambarde qui ceinturait la piste des autos tamponneuses, et ils observaient les collisions en balançant des vannes, des commentaires ironiques et des incitations stimulantes. Une fille de sa classe de troisième, Françoise, s'approcha en riant, lui fit la bise et lui présenta sa cousine Sonia, une petite boulotte aux cheveux courts, noirs et rose fluo, à la poitrine débordante et au regard coquin, venue de la ville pour les vacances. Et puis, emportée par le groupe des copains, Françoise les planta là tous les deux et disparut dans la foule. Tom était paralysé, comme pétrifié par l'intrusion de cette inconnue dans son espace intime. Il essaya de se raccrocher à Leo, mais Leo avait disparu lui aussi et lui avait fait faux bond. Il ne savait que dire ni que faire, et restait figé, se balançant sur ses pieds, ses mains triturant les câbles de son iPod, n'osant même pas la regarder. Elle comprit tout de suite à qui elle avait affaire, et prit les choses en mains.

« Moi ce que j'aime surtout c'est la chenille ou les montagnes russes. Ça accélère, ça hurle, ça monte et ça descend. J'ai des tickets gratuits. Viens avec moi. Je te paie un tour ! »

Elle l'attrapa par la main et l'entraîna en courant sur le trottoir en bois qui vibrait au passage des voitures. La chenille ralentit, s'arrêta. Elle fonça vers une voiture vide, le tirant toujours derrière elle, et s'installa sur la banquette rouge en étalant ses bras sur le dossier et en renversant sa tête en arrière. Il prit place à distance respectable. Le train de voitures se remit en mouvement, Sonia glissa aussitôt son fessier sur la banquette et vint coller directement sa hanche gauche contre lui. Elle commença à rire et à crier dès le début de l'accélération, puis lui posa la main gauche sur le genou droit, et commença à le caresser en remontant sournoisement vers sa braguette. Il se mit à bander tout de suite, elle le sentit, le regarda dans les yeux et lui dit d'un air admiratif et gourmand : « Eh ben mon vieux ! Tu caches bien ton jeu… »

La chenille accélérait encore, la sirène se mit à hurler, et brusquement la capote de toile se ferma au-dessus de leurs têtes et ils furent plongés dans l'obscurité. Toutes les filles se mirent aussitôt à hurler plus fort que la sirène. Sonia, elle, arrêta immédiatement de crier, changea de main et, tout en continuant de lui caresser l'entrejambe, vint coller ses lèvres entrouvertes contre sa bouche et commença à introduire sa langue agile et goulue en explorant toute la cavité. Il était toujours sidéré. Il sentait sur ses lèvres le goût du gloss parfumé à la framboise, mêlé à la bave de la fille qui semblait en hypersécrétion salivaire paroxystique. Il ne savait que faire de ses mains. Elle l'avait pratiquement couché sur la banquette, avait grimpé sur ses cuisses et frottait maintenant son bas-ventre contre son sexe en érection. Il se retrouva à lui plaquer machinalement les mains sur les fesses comme pour accompagner le mouvement.

Le couvercle de toile se replia alors brusquement et la lumière les éblouit. Sonia reprit aussitôt sa place initiale en lui tenant toujours la cuisse, mine de rien. La chenille s'arrêta. Ils descendirent. Elle lui prit la main, le regarda avec des yeux langoureux et brillants et lui dit d'une voix rauque : « On va faire un tour en dehors du village, juste toi et moi ? Je suis sûre que tu connais des coins tranquilles... » Il bafouilla une excuse bidon, la planta là et partit en courant vers la rive droite. Son coeur battait à 130, sa bouche était sèche comme du carton.

C'était la première fois qu'une fille le caressait et l'embrassait comme ça. C'était donc ça la sexualité ? C'était totalement effrayant. Heureusement elle allait repartir chez elle à la ville. Il ne la croiserait plus dans le village et ne la verrait pas en maillot à la piscine.

A la rentrée des classes par contre, il risquait de tomber sur elle au Lycée de La Borde Basse à Castres. Rien que d'y penser, il en était malade.

Il traversa le village en courant, grimpa dans sa chambre, se déshabilla, se jeta sur son lit et se mit à se masturber frénétiquement en tentant de visualiser au plafond les longues jambes de Peggy et son petit short, pour effacer le souvenir des mains baladeuses et de la bouche ventouse de la petite rondelette : là il finit par retrouver des sensations familières qui le rassurèrent. Mais il ne réussit pas pour autant à s'endormir. Il se demandait où était passé Leo cette nuit, et surtout où pouvait bien dormir Peggy.

Lundi

Le matin, village désert. La fête d'hier soir a épuisé tout le monde. On joue les prolongations aujourd'hui, mais le coeur n'y est pas. Le lundi c'est plutôt pour les vieux : messe des chasseurs, gerbe au monument aux morts, apéritif-concert, bal musette l'après-midi. Les jeunes ont préféré se replier sur la piscine. Je vais y faire un tour pour tâter l'atmosphère. Le coiffeur est là. Il s'est levé un jeune hier soir qui lui colle aux basques d'un air un peu gêné : pas l'habitude visiblement de s'exhiber en public avec une grande folle. Alors pour se donner une contenance il balade partout sa crête d'Iroquois en suçant la paille qui trempe dans son grand verre de Perrier-menthe, planqué derrière ses lunettes de soleil. Il est aussi blanc que moi, et a aussi peu de poils aux pattes. Et il suit le coiffeur comme un toutou quêtant quelques miettes de son prestige villageois.

Pas de nouvelle tête au bord de la piscine. Le maître-nageur et le bistrotier n'ont pas dû beaucoup dormir et cachent derrière leurs Ray-Ban leur regard des mauvais jours. Les parents du VVF ne lâchent pas leur progéniture. Un couvercle de psychose s'est abattu sur le Camboussel, et chacun regarde les voisins en coin.

Il ne se passera rien d'intéressant ici aujourd'hui. Autant remonter à ma cabane : c'est mon second point fixe. C'est là que j'apprendrai peut-être quelque chose.

Le sentier ne semble pas avoir reçu de visite. Les ronces et les feuillages sont toujours là, entremêlés. L'entrée de la cabane n'a pas été touchée. A l'intérieur tout est en l'état. Personne n'a touché le sac à dos avec les vivres et le sac de couchage.

Par contre à l'extérieur, contre le mur de derrière, le compost de feuilles de chênes et la terre en dessous ont été comme soulevés et labourés. On dirait que les sangliers sont passés par là et ont creusé à la recherche de leur nourriture : glands et racines.

Il ne faudrait pas que les chiens, voyant ce chantier, donnent l'alarme et fassent découvrir ma cabane aux flics de la ville. Je vais soigneusement remplir de terre les ornières qu'ils ont ouvertes et les recouvrir de feuilles. C'est sûr qu'il va rester les odeurs, mais peut-être que les chiens poursuivront la piste des sangliers loin de la cabane.

Mon sac-à-dos, je le laisse ou pas ? Si Peggy a pu se cacher ailleurs depuis mercredi, elle risque quand même de passer ici aujourd'hui ou demain. Il vaut mieux que je le lui laisse. Par contre je vais enlever le post-it : elle comprendra que c'est moi.

Mardi

Encore une nouvelle journée d'interrogations. Phalippou ne m'a pas recontacté. Les villageois n'ont aucune nouvelle excitante à se mettre sous la dent. Le VVF est toujours sans nouvelle de Peggy. Leo de son côté n'a rien repéré.

Alors je me refais mon programme : début d'après-midi à la piscine. C'est mort : il ne se passe rien. Puis je monte vers ma cabane en fin d'après-midi vérifier si quelque chose a bougé.

Les branchages de la porte n'ont pas été touchés. Le sac-à-dos n'a pas été ouvert.

Par contre ces salauds de sangliers sont revenus derrière, et cette fois ils ont tout labouré, dévasté, comme s'ils cherchaient quelque chose de précis. Ils ont ouvert des tranchées de vingt centimètres, qui se croisent.

Et là, au fond de l'une d'elles, un morceau de tissu vert dépasse.

Je comprends tout de suite. C'est arrivé. Je me mets à genoux et avec mes mains je commence à creuser : débardeur vert, puis une épaule, un bras, une main, Peggy. J'en étais sûr : il lui est arrivé un truc horrible, et c'est moi qui l'ai découvert. Ça m'arrive à moi. Maintenant. C'est fou. Mon coeur s'arrête trente secondes, hésite à repartir, puis décide de s'emballer à 130. Ma bouche s'assèche, la sueur coule sur mon front. Je creuse, je creuse, mes ongles commencent à saigner, mais je dois continuer : il faut que je déterre le visage de Peggy. On n'a pas le droit de lui mettre de la terre sur le visage. Elle est trop belle.

Je m'arrête pour aller chercher la petite pelle pliante qui est planquée de l'autre côté de la cabane sous les feuilles et les pierres, et je continue de creuser avec.

C'est horrible. Son visage est tout bleu et marron, plein de terre et de sang séché. Mon Dieu ! on lui a fracassé le crâne. On voit la plaie sur le front qui barre l'oeil gauche tout rouge. Elle a la bouche ouverte, pleine de terre. C'est pas possible qu'elle reste là dans la terre, derrière la cabane, les sangliers sont venus pour la bouffer, et ils vont revenir. Quelle horreur !

Il faut que je la sorte de ce trou et que je la porte à l'intérieur.

Elle est morte ! C'est dingue !

Qu'est-ce qu'elle est belle ! Je vais pas la poser directement par terre : je vais étaler d'abord le sac de couchage sur le sol de la cabane, puis je l'envelopperai dans sa serviette mauve et l'allongerai bien à l'abri.

Je peux pas la laisser seule ici : les sangliers vont revenir. Il faut que je la protège.

Je vais me coucher à côté d'elle et la surveiller toute la nuit. Il faut que rien d'autre ne lui arrive.

Je vais attendre demain matin pour avertir Phalippou. De toute façon, elle est morte, ça ne changera rien.

Je lui ai parlé toute la nuit. Je lui ai dit tout ce que je n'avais jamais osé lui dire. Jamais j'avais parlé comme ça à une fille. De toute façon je ne parle jamais aux filles. Elles sont trop compliquées, c'est des extra-terrestres. Elle, c'est pas pareil.

J'ai collé mon nez contre ses cheveux pleins de sang séché et j'ai murmuré à son oreille toute la nuit. Je lui ai dit qu'elle était la plus belle de toutes les filles que j'ai jamais vues. Que j'empêcherai tous les hommes de lui faire encore du mal. Que tant que je serai près d'elle personne ne pourrait la toucher. Qu'on était pareils tous les deux, comme des jumeaux, et que ça, personne ne le saurait jamais. Que nous nous étions trouvés et que rien ne pourrait jamais nous séparer. Que je trouverais le salaud qui lui avait fait ça, et qu'il allait payer, que j'allais le détruire.

Et là, elle m'a dit dans un souffle : « C'est Leo ».

Mercredi

Je n'ai rien dit à Leo. Je lui ai juste demandé de passer me voir dans ma chambre pour refaire le point une semaine après la disparition de Peggy. Il est arrivé à onze heures, l'air un peu inquiet : il a dû deviner que j'avais du nouveau.

« Leo, ça y est, j'ai retrouvé Peggy.

Morte, à moitié enterrée derrière la cabane, sous les feuilles. Les sangliers ont failli la déterrer pour la dévorer. J'ai dû la mettre à l'abri dans la cabane.

Je sais que c'est toi qui lui a fait ça Leo, elle me l'a dit.

Et puis de toute façon tu es le seul à connaître cet endroit, ça fait un an qu'on y va ensemble pour discuter tranquillement.

C'est horrible ! Elle a le crâne fracassé, du sang partout, et en plus tu l'as sûrement violée, avant ou après l'avoir tuée : son short est tout déchiré et plein de sang.

Pourquoi tu lui as fait ça Leo ?

Tu savais que j'étais fou d'elle, que je ne pensais qu'à elle jour et nuit : pourquoi tu m'as fait ça Leo ?

Tu es mon seul ami, Leo, on est comme deux jumeaux, pareils.

Qu'est-ce que je vais faire maintenant ? J'ai perdu Peggy et maintenant je perds mon seul ami. Je suis obligé de te dénoncer aux gendarmes, tu vas partir en prison, et je vais me retrouver tout seul.

C'est horrible Leo ! C'est comme si tu me tuais moi aussi...

— Tom ? Tu descends manger ? Pourquoi tu t'es à nouveau enfermé dans ta chambre ? Et puis combien de fois je t'ai dit de ne pas parler seul dans cette chambre ? Si tu recommences à parler tout seul comme l'an dernier, je vais être obligée de le dire à ton psychiatre. Je parie que tu ne prends plus ton Zyprexa depuis plusieurs semaines. A chaque fois c'est pareil. Et ça finit toujours à l'hôpital psychiatrique.

— Mais maman, je ne parle pas seul, je parle avec Leo !

— Tom, s'il te plaît, arrête avec Leo. Tu sais très bien qu'il s'est noyé il y a juste un an en tombant à moto dans le barrage de La Raviège. »

DARLING

Ce n'était pas une cabane à proprement parler. C'était une vraie maison en pierres crépies avec un toit d'ardoises très pentu, minuscule, trois mètres de façade, haute d'un étage, enfoncée dans la pente abrupte, construite au bord de la route de Vabre, après le passage à niveau et les premiers virages mais avant les falaises rouillées sur la droite, autant dire déjà dans la campagne. De mémoire de villageois elle n'avait jamais été vraiment habitée. Elle servait autrefois de remise pour les outils et les sacs de graines et d'engrais, que les paysans qui cultivaient les champs du dessus venaient y entreposer.

La façade lépreuse avait dû être blanche, la porte du bas et les volets du haut avaient dû être bleu pastel, les ardoises avaient dû être jointives, mais tout ça c'était avant.

A l'intérieur c'était une ruine : des gravats partout, une échelle de meunier en bois infestée de vrillettes, un plancher attaqué par les insectes et troué d'orifices en dentelle, des restes de graines d'avoine et de blé noir du siècle dernier, des toiles d'araignée structurées et vigoureuses, presque opaques, installées entre les poutres et les murs. Et par dessus tout ça une odeur de moisi, d'humidité résistante et d'aspergillus envahissant.

On avait peint sur la porte d'entrée « Darling » en lettres noires. Ça semblait être le nom de la maison. Sauf qu'ici le nom des maisons n'est pas peint sur la porte. Un nom anglais en plus, pour heurter de front tous ceux qui dans le village ne connaissaient rien à l'anglais. Mais aussi pour signaler aux autres, qui en connaissaient trois mots, que c'était là un lieu de transgression qui s'affichait en tant que tel, une oasis où le plaisir était roi, l'alcool, la drogue et le sexe honorés dignement, et où l'on se moquait ouvertement de toutes les valeurs qui allaient de soi dans ce village : le travail, le sérieux, la rigueur, l'abnégation, le respect, l'honneur, le sacrifice pour la communauté.

Sauf que ceux qui fréquentaient ce lieu n'étaient pas des sous-prolétaires anarchistes contestant la société chrétienne, paternaliste et capitaliste, loin de là. C'étaient le fils de l'hôtelier (Hugues), celui du notaire (Didier), celui du maire (Sébastien), celui du propriétaire de l'usine textile (Patrice), celui du médecin généraliste (Arnaud), celui du pharmacien (Damien), celui du percepteur (Maxime) et celui du banquier (Hervé).

Ils étaient huit copains. Rien que du beau linge, bien propres, bien habillés, parlant avec un léger accent pointu et promis à un brillant avenir. Ils étaient là entre eux et ne laissaient entrer aucun intrus.

C'était leur terrain de jeu, leur club privé, encore plus sélect que le tennis et le golf. Et pas de droit d'entrée possible pour un candidat qui ne ferait pas partie de la caste.

C'était une société masculine, pour ados bourgeois.

Pour les filles c'était pas pareil. Aucune fille de grande famille n'aurait pu se commettre dans ce lieu sans être immédiatement exclue de sa caste. Définitivement immariable.

Par contre ils arrivaient à y attirer quelques pauvres filles paumées qui n'avaient plus à défendre leur réputation, parce que tout le village leur était passé dessus, à part le petit train. Ils les appâtaient avec seulement quelques bouteilles de Gin et quelques joints.

On pouvait y rencontrer aussi parfois quelques déviantes de la classe moyenne qui cherchaient à se construire un look de rebelle par l'habillement noir, la coiffure punk, les bijoux et les piercings sur les lèvres ou le nombril. Celles-là venaient plutôt pour la cocaïne ou l'ecstasy.

Les filles c'étaient les proies, le matos, les consommables, indispensables pour parachever leurs fêtes, et à jeter après usage.

Quand elles étaient bien défoncées ils organisaient une tournante ou bien carrément une orgie classique, tous sur le même parterre de matelas. Puis s'endormaient au matin, tous mélangés.

Après une nuit de fête, ils cuvaient jusqu'à quatorze heures, mettaient les filles dehors, chaussaient leurs lunettes de soleil, puis rentraient chacun dans leur maison respective, se faisaient servir par la bonne un repas qu'ils prenaient incognito à la cuisine, filaient sous la douche, jetaient leurs habits dans la buanderie, se changeaient et reprenaient leur vie normale : ils faisaient tous officiellement des études au Lycée de Castres ou à la Fac de Toulouse. C'était à ce prétexte que leurs parents les entretenaient.

Ni vu ni connu. Aucune trace de leur orgie : ils avaient jeté toutes les bouteilles au dépotoir, et il ne restait dans la maison que les matelas cachant les trous du parquet. La maison ne fermait pas à clef. N'importe qui pouvait y entrer, mais n'y aurait trouvé aucune preuve de leur passage. Le seul signe extérieur de la particularité de cette maison, c'était le mot « Darling » peint en noir sur la porte, juste au bord de la route. Ça tout le monde pouvait le voir. Tous les passants étaient intrigués et faisaient des suppositions fantaisistes et fantasmatiques sur ce qui pouvait bien se passer là-dedans. Les plus curieux poussaient la porte et montaient à l'étage : les matelas les laissaient songeurs, et ils repartaient en imaginant des orgies comme ils en avaient vues dans les films pornos.

Le maître des lieux c'était Hugues, le fils de l'hôtelier. Lui on l'appelait « Giorgio Armani ». Cette remise appartenait à sa grand-mère maternelle qui la louait autrefois à son fermier , lequel s'en servait de cabane à outils et d'entrepôt de semences. C'est Hugues qui avait eu un jour d'été cette idée folle de la baptiser « Darling » et d'y organiser une première fête la nuit du feu d'artifice. Ils n'étaient que quatre cette nuit-là, Hugues, Sébastien, Patrice et Hervé. Ils avaient réussi à y attirer quatre filles déjà bien bourrées.

Puis le lendemain, après qu'elles soient parties, ils avaient fait la liste de leurs copains et en avaient retenu seulement quatre dignes de partager leur secret : Maxime, Arnaud, Damien et Didier. Huit c'était le bon chiffre par rapport à la superficie de la pièce du haut et au nombre de matelas qu'elle pouvait contenir. Jamais ils n'avaient envisagé d'y apporter une table et des chaises. Les matelas c'était plus cool. On était tout de suite dans la bonne ambiance et on était averti de ce qui allait se passer.

Si le fils de l'hôtelier était le maître des lieux, l'organisateur des jeux était Sébastien, le fils du maire. Lui c'était « Ralph Lauren ». Il proposait toujours des scénarios nouveaux avec danses, strip-tease, fellations collectives, figures et variations diverses sur les positions et le nombre de participants.

Le fils du médecin, Arnaud, alias « Tommy Hilfiger », se chargeait de photographier ou de filmer tout ça avec son iPhone pour garder une trace à revoir tous ensemble les jours suivants : il envoyait à tous les sept ses images et chacun se constituait ainsi une vidéothèque qui lui permettait aussi de faire des progrès en regardant la technique des autres, un peu comme les vidéos de match que le coach passe à ses joueurs comme support pédagogique.

« Darling » était ainsi une sorte d'académie secrète et privée du libertinage pour l'élite fortunée du village. Pour les longs mois d'ennui pendant les vacances. Université d'été.

Ils n'avaient jamais de mal à trouver des filles pour meubler leurs soirées : chacune en avait parlé à ses copines, et ils s'étaient constitué comme ça un vivier toujours disponible, même au dernier moment à l'improviste. Elles accouraient dès qu'on les bipait : c'était l'endroit le plus cool du Tarn.

Elles faisaient partie de leur matos, et elles étaient sûres d'y trouver elles aussi du matos gratuit. C'était donnant-donnant.

Cet après-midi-là, c'était un jeudi, Hugues alla faire un tour vers la petite maison de la route de Vabre. Il voulait vérifier dans quel état elle était avant de lancer ses appels pour une fête la nuit prochaine. Il avait gardé le rythme des étudiants toulousains qui, tous les jeudis soir, se bourrent la gueule place Saint-Pierre, parce que le vendredi ils sèchent les cours du matin et rentrent chez leurs parents faire laver leur linge par leur mère ou par la bonne.

Il poussa la porte du bas, monta l'échelle de meunier, et tomba sur une fille qui dormait tout habillée sur le matelas du fond. Elle dormait vraiment très profondément, à moins qu'elle soit dans le coma, ou morte. Il s'approcha de son visage pour vérifier si elle respirait. C'était difficile à savoir parce qu'elle avait le nez enfoncé dans le couvre-lit. Alors il lui prit l'épaule et la secoua prudemment. Elle tourna la tête, ouvrit un oeil, le regarda sans aucun signe de surprise ou de peur, et lui dit :

« Salut, excuse-moi, mais j'avais pas d'endroit où aller hier soir, plus une tune, je passais à pied, j'ai vu cette remise abandonnée, le nom m'a plu, j'ai poussé la porte et je me suis couchée aussi sec, trop contente de trouver des matelas ! Ah au fait, excuse-moi, je m'appelle Vanessa et j'arrive de Castres en stop. Je voulais remonter vers Lacaune où je connais des potes qui squattent une ferme abandonnée vers le col de La Bassine. Mais personne m'a pris hier soir, à cause de mon look sûrement. Alors je vais tenter ma chance à nouveau aujourd'hui. »

Vanessa réussit à s'asseoir sur le matelas et regarda Hugues d'un oeil scrutateur. Sa tête n'avait pas l'air de lui déplaire. En tout cas elle aimait mieux ça que la tête du paysan du coin qui serait venu la déloger avec la fourche en l'insultant.

Hugues lui aussi la regarda avec une certaine bienveillance. Malgré ses locks et ses piercings, elle avait un joli ovale de visage, un front lumineux, des yeux gris-vert très présents. Quand elle se releva enfin il apprécia aussi sa chute de reins et ses fesses petites mais fermes et toniques. Pour les seins il ne pouvait pas se prononcer pour l'instant, vu l'accoutrement dont elle était vêtue. Il réservait donc sa note globale, mais il était plutôt pour l'inviter à la fête de ce jeudi soir. Une nouvelle recrue ! Ses copains allaient le féliciter ! Et puis, si elle ne faisait pas l'affaire, il la mettrait dehors demain.

Restait à savoir ce qui pourrait bien la persuader de rester jusqu'à ce soir, au lieu de remonter directement vers Lacaune.

Vanessa lui épargna ce travail de recrutement. Elle lui demanda direct :

« Je suis complètement à sec. Tu n'aurais pas un peu d'herbe ou au moins une clope ? parce que là j'en peux plus. »

Ravi de sauter sur l'occasion, il sortit de sa poche son petit sachet d'herbe, sa blague à tabac et le papier pour rouler.

« Oh purée ! alors là tu assures grave, tu me sauves la vie. Je te Dois la vie ! »

Ils se mirent à rire tous les deux. Il attendit qu'elle ait fini de rouler son énorme joint, d'inspirer une énorme taffe, de le lui faire passer, et quand il la sentit bien partie et tranquille, il lui dit :

« Tu sais, ici c'est ma cabane. J'invite des potes ce soir. On va faire la fête et s'éclater paisible. Il y aura tout ce qu'il faut : Vodka, herbe, coke, ecsta. Je te garantis qu'on est tous peinards. C'est tous des potes et tu es mon invitée. Alors y aura pas de lézard. On prend tous du bon temps et demain tu rejoins tes potes à La Bassine. Ok ?

— Super, merci pour l'invitation. Mais moi je marche plutôt à l'héro en ce moment. Tu crois que je pourrais en trouver par ici ?

— Pas de souci. Tu es tombée sur le bon interlocuteur. Mon dealer attitré vient depuis Castres me livrer à dix neuf heures, comme tous les jeudis. Je lui passe un coup de fil et je rajoute l'héro à la commande. Il te faut combien de grammes ? »

Vanessa était ravie. Hugues aussi.

Elle avait bien fait de s'arrêter dormir dans cette remise. Elle ne pouvait pas mieux tomber. Pour une fois qu'elle avait du flair…

Hugues repartit vers le village, lui dit de continuer à se reposer : il lui amènerait de quoi manger tout à l'heure, et puis tout le matos pour la soirée. Elle n'aurait à s'occuper de rien.

Après son départ elle décida d'aller se laver dans la rivière qui coulait de l'autre côté de la route, après la voie de chemin de fer désaffectée, en contrebas, à une cinquantaine de mètres. Elle choisit un coin caché par les arbres, se déshabilla complètement et descendit dans l'eau, prudemment d'abord parce qu'elle avait peur des vipères et des couleuvres d'eau, puis plus hardiment : elle se mit à nager vers le milieu en évitant les courants. L'eau était juste parfaite, fraîche mais pas froide, et les algues étaient peu nombreuses. Elle se mit sur le dos et fit la planche pendant plusieurs minutes, ne laissant dépasser que son visage et ses seins. Le pied. Ensuite elle s'étendit sur l'herbe, les bras et les jambes écartés au maximum, comme une étoile de mer, et se fit sécher, les yeux fermés en direction du soleil qui lui imprimait des traînées rouges sang sur la rétine.

Une bonne journée, et une super soirée en perspective. Elle pouvait oublier toutes les galères qu'elle avait traversées à Castres ces derniers jours. Décidément la campagne lui réussissait.

Hugues réapparut à dix neuf heures. Seul. Il ouvrit son sac à dos et déballa tout le matos. Les bouteilles, les sachets avec l'herbe et l'ecsta, et enfin le sachet spécial pour elle, « cadeau » lui dit-il.

Elle se jeta à son cou, l'embrassa à pleine bouche, et lui dit « j'ai envie, là, tout de suite, avant que les autres arrivent ». Elle se débarrassa de ses fringues en trois gestes, défit la ceinture d'Hugues, fit tomber son pantalon, lui enleva son polo et son slip, le colla contre le mur, grimpa sur lui comme un singe à un arbre, se laissa glisser et s'empala sur son sexe avec furie, puis, après le premier orgasme, se laissa tomber avec lui sur le matelas avec un grand soupir de satisfaction.

Ils fumèrent un joint après. Elle lui dit qu'elle préférait garder l'héro pour plus tard, pour la fin de la nuit. Elle avait remarqué qu'elle gérait mieux le truc comme ça et surtout qu'elle pouvait profiter de toute la soirée avant. Après, elle serait trop stone pour bien apprécier.

Ils sortirent de la remise, s'adossèrent au mur Ouest et attendirent assis l'arrivée des autres en regardant descendre le soleil.

Les filles arrivèrent d'abord par petits groupes de deux ou trois, l'air un peu gênées de trouver une inconnue déjà sur place. Hugues les rassura, fit les présentations, les installa toutes sur l'herbe derrière la remise, et ouvrit une bouteille de Gin qu'il fit circuler. Elles se détendirent tout de suite. Les garçons arrivèrent ensuite, déjà éméchés parce qu'ils avaient bu un ou deux apéros au café du Commerce, et tout excités en voyant le spectacle de toutes ces filles étendues sur l'herbe, certaines en short, certaines en mini-jupe, et déjà secouées de rires immotivés.

Quand l'apéro fut fini, Sébastien dit :

« J'ai une idée ! Si on commençait ici au soleil, sur l'herbe, pour profiter de la chaleur, avant d'entrer dans la cahute ? »

Toutes les filles hurlèrent « ouiiii ! », et les garçons commencèrent à se dessaper, à jeter leurs fringues par terre et à se jeter sur la fille qu'ils avaient repérée, ou juste sur la plus proche pour les plus bourrés qui avaient déjà du mal à se déplacer.

Vanessa semblait tenir à rester avec Hugues : la première séance lui avait plu apparemment, et elle voulait poursuivre. Elle lui dit au creux de l'oreille :

« J'ai pas envie de continuer avec tout le monde dans la maison sur ces matelas pourris. Viens. On va s'installer dans un coin tranquille un peu plus haut dans la forêt, sur l'herbe, juste toi et moi. »

Elle le prit par la main et le fit grimper dans la pente en lui promettant un voyage inoubliable. Il lui emboîta le pas, immédiatement convaincu.

Quand ils redescendirent enfin pour rejoindre les autres, tout le monde était rentré dans la maison, et ils étaient tous répandus sur les matelas. Sébastien avait fixé la feuille de route : « on change de partenaire toutes les demi-heures ». Et c'est lui qui faisait l'horloge. Le cannabis et l'ecstasy avaient déjà fait décoller tout le monde. Les filles rugissaient, les mecs grognaient. Tous avaient enfin réussi à retrouver des comportements primitifs et même pré-hominiens, refoulés depuis des millénaires. Mais personne ne s'en plaignait.

Vanessa amena Hugues en bas, loin des matelas collectifs. Ils s'installèrent dans un coin sombre, sans matelas, mais pas trop cailloux, sur la terre battue. Elle le déshabilla, fit de même, déposa leurs vêtements par terre, le coucha dessus, se coucha aussi, enroula ses jambes et ses bras autour de lui, et lui dit :

« Si tu as envie de moi pendant la nuit, n'hésite pas. J'adorerais que tu me réveilles juste pour ça. Quand je dors à moitié c'est le super pied pour moi.

Par contre, si tu te réveilles et que je ne suis plus là, ne t'inquiète pas : je suis peut-être allée me faire juste mon fix d'héro. Pas de problème : j'ai l'habitude. Et je reviens me coller contre toi après : je suis accro de toi aussi. »

Hugues s'ébroua et se rendit compte qu'il avait froid. Il était à poil, couché par terre sur des vêtements sales, tout seul. Vanessa avait disparu. Il se souvenait vaguement qu'elle l'avait averti d'un éventuel shoot d'héro pendant la nuit, mais c'était pas très clair dans sa tête. Il se leva avec difficulté et se dirigea vers la porte en titubant. Le soleil s'était déjà levé depuis un bon moment. Il fit quelques pas incertains sur l'herbe, commença à faire le tour de la remise, puis remonta vers le coin tranquille où ils avaient fait l'amour avant que les autres arrivent.

Elle était là. Allongée sous la voûte des hêtres. Tranquille. Sur le dos. La bouche entrouverte comme dans un dernier sourire de remerciement. Morte, il en était sûr d'entrée.

Elle avait laissé tomber la seringue et la cuillère à côté de son bras gauche et n'avait même pas dénoué le garrot en caoutchouc.

Il n'essaya même pas de lui prendre le pouls ou de détecter son souffle. Il courut vers la cabane et secoua violemment Arnaud, le fils du toubib, qui se rhabilla maladroitement et vint examiner Vanessa : overdose d'après lui, mais pas morte. Elle pourrait peut-être s'en tirer si les pompiers pouvaient la transporter jusqu'aux urgences de Castres. Il saisit son téléphone et, avant qu'il n'ait le temps de composer le 18, Sébastien le lui arracha brutalement des mains, le saisit par les épaules, planta son regard dans le sien et lui dit avec rage :

« On n'appelle personne. Si les pompiers viennent la chercher ici à notre demande, on est sûrs d'avoir les gendarmes sur le dos et les stups aussi. Ils vont lancer une enquête sur Darling. S'il faut elle est mineure et en fugue cette fille. On est de toute façon dans une merde noire. *La Dépêche* va s'en mêler et mon père perd la mairie dans la foulée. Ce sera le seul scandale que le village aura connu en trois siècles. Alors FR3 ne va pas se gêner.

Quant à vous, vous pouvez dire adieu à vos carrières de toubib ou d'avocat. De futurs notables qui organisent des partouzes avec héro, coke, shit et alcool, ils vont pas nous rater au Conseil de l'Ordre.

Alors on ne touche à rien. On n'avertit personne. On vire les bouteilles et les cendriers et on retourne chacun dans notre coin. On n'est jamais venus ici. Un promeneur ou un cueilleur de champignons va forcément la trouver, et puis s'il faut elle va émerger toute seule et se tirer. »

Ils discutèrent entre eux et conclurent qu'ils étaient en effet dans la merde. Malgré les réticences déontologiques d'Arnaud, ils décidèrent de la laisser sur place avec la seringue et la cuillère, de nettoyer la cabane qui était quand même assez loin du corps, et de disparaître tous dans la nature sans donner l'alerte à qui que ce soit. Il ne fallait surtout pas en parler aux autres filles qui étaient encore endormies dans la maison et qui étaient bien capables de raconter n'importe quoi.

Vanessa avait pris une trop forte dose d'héro. Elle connaissait les risques. Elle avait pris ses responsabilités. Ils n'allaient pas foutre leurs vies en l'air pour une petite junkie de passage.

FREDERIC

Cet été-là ils avaient décidé de construire une cabane, loin du village, dans les bois, en hauteur, dans un endroit caché où ils pourraient se retrouver pour discuter tranquillement loin des parents et des autres adultes, préparer des coups, boire et fumer, y faire la sieste l'après-midi, ou y passer des nuits blanches.

Mais pas y amener des filles : ça c'était les embrouilles assurées.

Ils étaient neuf en tout, tous de l'école laïque, du CE1 au CM2. Ce serait la cabane publique : aucun de ceux de l'école privée n'y serait admis. Ça c'était le principe de départ. Ils la construiraient dès le début des grandes vacances et puis essaieraient de l'entretenir tout l'automne et l'hiver pour pouvoir y revenir l'été suivant.

Ils s'étaient tous engagés à n'en parler à personne : il fallait que l'emplacement et l'existence même de la cabane restent top secret.

Il fallait d'abord choisir le lieu. Ils passèrent plusieurs week-ends à arpenter les bois au-dessus de la route de Vabre, avant de trouver enfin une minuscule clairière, loin des sentiers balisés, loin des pâturages à moutons, loin des réserves de chasse et des cabanes de berger. Ils testèrent le lieu toute une journée pour vérifier que personne ne venait jusque là. Ils testèrent aussi l'acoustique : la moitié du groupe resta là à parler à haute voix, et l'autre moitié se dispersa aux alentours pour vérifier à quelle distance on commençait à les entendre.

Ils conclurent que cette clairière ferait l'affaire.

Ensuite le type de cabane. Il fallait quatre troncs d'arbre bien verticaux et rapprochés de trois mètres, en carré. Ils tailleraient huit troncs plus fins de sept ou huit centimètres de diamètre et les fixeraient horizontalement entre les quatre piliers avec des cordes entrecroisées et des clous de charpentier. Il ne resterait ensuite qu'à tailler des branches bien feuillues et à les attacher par dessus, entrecroisées, pour faire une toiture protégeant de la pluie. Pour les murs ils feraient pareil. A l'intérieur ils installeraient une table de camping et deux bancs avec des pliants. Après, le reste, ce serait de la décoration. Il faudrait quand même une cantine métallique avec un cadenas pour y mettre à l'abri les objets de valeur : les frondes, les couteaux de chasseur, les lances et les bouteilles.

Jérémie, le fils de l'instituteur, proposa d'y ajouter une petite bibliothèque avec juste l'essentiel : les pages lingerie féminine des catalogues de La Redoute et des Trois Suisses, un manuel d'éducation sexuelle du siècle dernier, et un Kama Soutra avec toutes les positions illustrées par des photos de Clara Morgane et d'un partenaire anonyme. Il se chargerait de réunir toute cette précieuse documentation. Sa proposition souleva l'enthousiasme, et ils s'imaginaient déjà tous alignés sur les bancs pour des séances de masturbation collective d'enfer. Ce serait un super été.

Bon, mais on n'en était pas encore là, lui dit Vincent, le chef. Il avait lu un résumé de « La guerre des boutons » de Louis Pergaud, et savait qu'il fallait beaucoup d'autorité et de discipline pour structurer une bande de garçons autour d'un projet de cette envergure. Mais il se sentait de le faire. Il avait appris beaucoup de choses très techniques chez les scouts, avant de se faire exclure pour « comportements nocturnes inappropriés » avec une fille du campement voisin, « Les Eclaireuses irlandaises » : une rousse du feu de Dieu.

Le projet était bouclé. Vincent les réunit en cercle au milieu de la clairière, leur demanda de mettre leur bras droit horizontal vers l'avant, leur main au centre géométrique du cercle posée sur celle du voisin. Il prononça alors un serment d'allégeance après lequel ils hurlèrent tous : « Je le jure ! »

Ils redescendirent au village excités comme des puces, et il dut leur recommander la plus grande discrétion. Ils se séparèrent avant le cimetière et partirent par groupes de deux ou trois dans toutes les directions : il ne fallait surtout pas que les autres les voient tous ensemble.

La semaine se passa à rassembler en douce tout le matériel indispensable et à l'exfiltrer de la maison de chacun dans un sac à dos discret.

Maxime, le fils du menuisier, amena deux scies égoïnes, trois hachettes, trois serpettes, une pierre à aiguiser, trois marteaux, des tenailles et une boîte de clous de dix centimètres. Putain Maxime, comment tu as assuré mec !

Jean-Pierre, le fils du bistrot, amena un pack de bouteilles de Coca, du jus d'orange, une bouteille de rhum, une de vodka et une de gin. Trop fort le barman !

Rémi, le fils du buraliste, amena une cartouche de P4 et une de Gitanes Maïs, des fortes, pas des américaines pour les fillettes, le top !

Henri, le fils du quincailler, leur fournit la cantine métallique avec le cadenas, qu'il fallut sortir la nuit de la réserve et monter à deux avec les lampes de poche munies de piles Wonder. Il rajouta trois couteaux de chasse style poignard et deux torches frontales. Comme un chef !

Christian, le fils du cordonnier, apporta des chutes de cuir pour confectionner les lanceurs des frondes. Chacun amènerait ses élastiques, son canif et se taillerait sa branche de buis en Y.

Gilles, le fils de l'électro-ménager, amena un transistor avec des piles neuves, que son père avait renoncé à rénover mais qui captait encore Radio Andorre et Toulouse Pyrénées.

Enfin, Gérard, le fils du charcutier, leur dit que pour aujourd'hui il n'avait rien amené, mais qu'il leur garantissait pour la suite saucissons, jambon et pâté à volonté : pour 9 personnes c'était pas énorme... Il avait demandé à sa mère combien il en fallait, le con...

« Fais gaffe, lui dit Vincent, qu'elle se doute pas de quelque chose. »

Ils transportèrent tout ça dans la clairière, et commencèrent les travaux tout de suite. Les quatre arbres droits qui avaient poussé en carré furent déblayés de toutes leurs petites branches du bas et des broussailles qui les étouffaient, à coups de serpette et de hachette. Une équipe s'attaqua à la scie égoïne aux huit chevrons horizontaux. Tout cela fut attaché et cloué. Une autre tailla les branches de couverture, les disposa sur les huit chevrons et les attacha.

A la fin ils remplirent les quatre murs de branchages tressés sur des ficelles verticales, en laissant une petite entrée très basse, pour qu'il faille bien baisser la tête avant d'entrer. C'était plus sûr.

En trois jours c'était plié !

Ils s'installèrent par terre à cinq mètres pour la contempler : elle était finie ! elle était là ! superbe ! leur cabane ! ils l'avaient fait ! ils se serrèrent dans les bras comme des footballeurs et Vincent leur dit : « Les gars, je crois qu'on a mérité notre premier apéro dans la cabane. On a pas les bancs ni la table mais on va faire ça par terre en rond, comme à la guerre. »

Ils hurlèrent tous en chœur. Jean-Pierre sortit les gobelets en plastique et les bouteilles de la cantine, et commença à leur verser ses trésors : rhum-coca, vodka-orange, gin-tonic... putain la classe !

Pendant que ceux de l'école privée buvaient leur menthe à l'eau ou leur grenadine, au patronage !

Ils étaient enfin dans la vraie vie : plus d'école, plus de parents, ils ne demandaient rien à personne, ils s'organisaient entre eux comme des chefs, hors du village, dans la nature, comme des sauvages, et ils faisaient juste ce qu'ils voulaient. Ils étaient neuf, invincibles. Ils étaient tout-puissants. Quel été en perspective !

La semaine suivante ils aménagèrent l'intérieur : ils piquèrent deux bancs de bois vétustes que le curé avait exclus de la salle paroissiale pour les remplacer par des chaises modernes en plastique. Vincent ramena de chez sa mère une table métallique pliante et rectangulaire qui rouillait à la cave. Et Jérémie punaisa sur l'intérieur des quatre piliers quatre photos de Clara Morgane dans les quatre positions les plus intéressantes, pour les réviser tous les jours et les garder bien en mémoire.

Les premières semaines de juillet se passèrent comme dans un rêve. Ils montaient à la cabane dès le matin, débroussaillaient, rafistolaient, rajoutaient des couches à la couverture, se confectionnaient des frondes de dernière génération avec des élastiques spéciaux. Pour se constituer un stock de munitions, ils allaient chercher à la rivière des galets encore plus durs et aérodynamiques dont ils testaient la portée en visant des bouteilles vides posées sur le sol tous les trois mètres.

A midi ils redescendaient au village, faisaient un saut chez leurs parents pour faire acte de présence, et repartaient le plus tôt possible pour la deuxième partie de leur journée : l'après-midi c'était farniente, sieste sur l'herbe, digestif, lecture et rêveries dérivées et musique sur le transistor. Après, vers le soir, ils descendaient à la rivière pêcher quelques goujons, et les laissaient dans un seau plein d'eau pour les faire griller le lendemain : ils avaient fait un cercle de pierres devant la cabane, sur lequel ils avaient posé une gril rouillé, et déblayé toutes les herbes autour sur un mètre, pour qu'il n'y ait pas de départ de feu. Pas de champignons ou de châtaignes en juillet, mais Gérard les fournissait en saucisson et en pâté, pour accompagner les goujons grillés. Jean-Pierre avait ramené quelques bouteilles de rosé parce que le rosé c'était la boisson de l'été. Mais il fallait les descendre à rafraîchir dans la rivière en leur attachant une ficelle autour du goulot. Alors c'était tout un boulot pour aller ensuite les chercher bien fraîches et les remonter pour l'apéro du soir.

Ils rentraient chez eux tous les soirs à dix neuf heures pile pour ne pas se faire enguirlander, les yeux un peu vaseux, mais ils restaient assis à table le temps obligatoire pour ne pas déclencher de crise familiale avant le programme télé.

Pour l'instant ils ne sortaient pas après le repas du soir : il fallait ménager les parents et y aller mollo. Et se réserver pour le mois d'août. Au moment de la fête.

C'était Vincent qui leur fixait la stratégie à adopter en famille.

*

Trois semaines s'écoulèrent.

Le mardi à treize heures, quand ils remontèrent après avoir mangé chez eux, ils trouvèrent leur cabane entièrement dévastée : le toit par terre, les murs défoncés, les bancs et la table renversés, et surtout le cadenas de la cantine explosé. Toute la bibliothèque avait disparu, ainsi que les frondes, les poignards et les photos sur les murs.

Ils couraient dans tous les sens comme des fous en hurlant : « Putain ! putain ! »

C'est tout ce qu'ils trouvaient à dire.

Vincent les obligea à s'asseoir, à se calmer et à réfléchir en silence.

Puis au bout d'une minute il prit la parole :

« Les gars, la situation est grave. Nous sommes victimes d'un acte d'agression caractérisée. C'est signé : c'est ceux de l'école privée. Ils ont réussi à repérer notre cabane publique, je sais pas comment. Ou bien ils ont été informés par l'un d'entre nous. Mais ça j'ose même pas y penser.

Le plus grave c'est pas les détériorations, c'est qu'ils se sont emparés de notre trésor et de nos armes en fracturant notre coffre-fort. Ça c'est vraiment un cas de déclaration de guerre.

Alors je vais vous demander de réfléchir en silence encore une minute, et puis après on va décider si on déclare la guerre tout de suite et comment on va la mener. »

La décision de vengeance et de représailles fit l'unanimité, à main levée.

Mais la stratégie n'était pas évidente à organiser.

D'abord il fallait repérer ceux qui avaient fait le coup, en être sûr, les pister et voir où ils avaient planqué leur butin de guerre, avant d'aller le récupérer par la ruse ou par la force.

Ils soupçonnaient bien sûr ceux de la rive droite, du côté Castelnau, de l'école privée et du patronage, des scouts armés qui s'y entendaient en cabanes et qui avaient des tactiques de guerre apprises avec leurs chefs pendant les jeux de piste et les marches de nuit. Donc un ennemi aguerri et redoutable, qu'il ne fallait pas prendre à la légère ni attaquer sans réfléchir, bille en tête.

Vincent leur proposa une première étape d'exploration qu'il appela « investigation ». Il récupéra dans les armoires de l'école, par l'intermédiaire de Jérémie, une vieille carte dite d'Etat-Major qui recouvrait tout le territoire du canton, divisa la commune en neuf secteurs forestiers autour du village, et tira au sort la répartition. Chacun allait passer la semaine suivante à ratisser le sien en cherchant tout ce qui pouvait ressembler à une cache, une grotte, une caverne, une cabane abandonnée ou récente.

Ils partaient tôt, à la fraîche, et exploraient le territoire qui leur avait été attribué en essayant de faire le moins de bruit possible pour ne pas se faire repérer et pour être à l'écoute du moindre bruit insolite, de pas ou de conversation.

Ils repérèrent comme ça plusieurs cabanes de bergers, de chasseurs ou d'amoureux, mais rien qui ressemble à une cabane de bande de guerriers.

Et finalement c'est Gérard, le plus couillon de tous, qui, le jeudi à onze heures, tomba par hasard sur un énorme trou de cinq mètres de diamètre, aux parois presque verticales, envahi par la végétation et invisible : la preuve, il était tombé dedans, avait glissé sur la paroi sans réussir à se raccrocher à la moindre branche, et avait atterri à côté d'un feu de bois qui fumait encore un peu. C'était une ancienne carrière d'où l'on extrayait autrefois les pierres calcaires pour les transformer ensuite dans le four à chaux qui se trouvait un peu en contrebas, vers la route de Lacaune.

Bien cachée par les branches, il avait découvert tout au fond une petite anfractuosité, comme une grotte basse de plafond, où étaient rangées des caisses de bois fermées par des cadenas.

Il était mort de trouille qu'on le trouve ici, et remonta en haletant et en s'agrippant aux arbustes qui poussaient sur la pente. Il avait un léger surpoids à cause de la charcuterie de son père, et il crut mourir asphyxié avant de s'extraire du cratère.

Il pensa à prendre des sentiers détournés pour ne pas être vu sur la grand-route descendant du four à chaux.

Son coeur battait comme un fou, il était rouge comme une tomate, soufflait comme un boeuf, s'arrêta juste à la fontaine, mit sa tête sous le jet d'eau et se précipita vers la route de Vabre pour rejoindre les autres avant le repas de midi.

Il hurlait et bégayait en essayant de leur expliquer : ça y est, il l'avait trouvée, il en était sûr, c'était pas une cabane, c'était une sorte de gouffre avec une grotte cachée dans un coin tout au fond, pleine de caisses de bois et avec un feu de bois encore fumant. Il était sûr que leurs ennemis se cachaient là, ceux de la rive droite, la bande qui avait détruit et pillé leur cabane !

Il s'écroula en larmes et ils l'entourèrent tous pour le féliciter, le réconforter et lui offrir son apéro préféré : rhum-coca.

Sacré Gérard ! dire que personne ne s'attendait à ce qu'il repère quelque chose ! et voilà, c'était lui qui avait trouvé le jackpot, qui était même tombé dedans !

Ils partirent manger tout excités, et se donnèrent rendez-vous à quatorze heures pour préparer dans le calme leur plan d'action.

Vincent les rassembla, assis tailleur en cercle devant feu-leur-cabane.

Il leur fit faire d'abord l'inventaire des frondes et des galets qu'ils avaient pu sauver du désastre.

Il avait déjà concocté un plan qu'il soumit à leur approbation : d'abord récupérer tout ce qui leur avait été volé et détruire au passage l'installation rivale dans la carrière. Pour cela il était nécessaire d'y aller très discrètement de nuit : ils étaient sûrs de ne pas les y trouver.

Ensuite, le lendemain, ils attendraient sur leur propre territoire, au-dessus de la route de Vabre, la riposte : ils se cacheraient tout autour de leur ancienne cabane dans les bois, les armes à la main, et attendraient l'expédition de revanche des ennemis. Et là ils leur tomberaient dessus par surprise, de tous les côtés, comme les Maures sur Roland à Roncevaux.

Les huit furent enthousiastes. Même Gérard, qui pourtant était terrorisé par l'obscurité dans les bois, accepta l'expédition nocturne qui lui semblait un coup de génie. Il avait découvert la cache : il ne pouvait pas les décevoir sur le coup d'après.

Maintenant il fallait qu'ils rentrent tous chez eux, qu'ils préparent tout pour l'expédition, vêtements, chaussures, lampe de poches, outils, armes et munitions, et qu'ils persuadent leurs parents de les laisser sortir ce soir pour un petit jeu de piste de nuit : ils seraient rentrés à minuit…

C'était la première fois qu'ils leur demandaient ça cet été : ça devrait pas être trop difficile.

La nuit tomba vers vingt et une heures. Ils vinrent en évitant les places pleines de gens aux terrasses des cafés, en évitant les grands axes, en passant derrière les maisons par les petits chemins autrefois empruntés par les troupeaux et les bergers. Silencieux, ils se retrouvèrent tous devant le four à chaux de la sortie du village, direction Lacaune. Gérard passa devant avec Vincent pour leur montrer le chemin. « Une seule lampe de poche pour celui qui est devant : les autres n'ont qu'à se fixer sur le pas de celui qui les précède ».

Ils entamèrent leur progression en file indienne, contournèrent le four et s'enfoncèrent dans la forêt en écartant les branches basses et les ronces qui commençaient à tout envahir. La cuisson au bois des pierres calcaires à 900°, pour les transformer d'abord en chaux vive puis en chaux éteinte en la trempant dans l'eau, pour faire ensuite du mortier, avait été abandonnée depuis les années 50. Le four et la carrière étaient restés depuis à l'abandon.

La tête de la troupe arriva au bord du cratère et fit marquer un temps d'arrêt à toute la file.

Ils tendirent l'oreille : le trou semblait vide. Aucune sentinelle, aucun feu de camp. Les deux premiers descendirent munis de leur lampe, en s'accrochant aux branches dans la pente. Ils explorèrent le fond et découvrirent l'entrée de la petite grotte. Les caisses étaient là, au nombre de trois.

Vincent et Gérard firent signe aux autres d'allumer leur lampe et de descendre à leur tour : la voie était libre.

Ils cassèrent les cadenas d'un coup de marteau donné sur un gros tournevis, et découvrirent le trésor de la rive droite : frondes et couteaux pour eux aussi, cartes IGN, livres de Jules Verne et de Louis Pergaud, plus les prises de guerre militaires et érotiques. Ils entassèrent tout ce butin dans leurs sac à dos. Il n'y avait rien à casser à part les caisses. Alors ils les démontèrent et entassèrent les planches avant d'y mettre le feu. Ça ne risquait rien dans la grotte : le pourtour était bien humide.

Ils regardèrent flamber tout çà en silence, et reprirent lentement le chemin du retour. Ils se dispersèrent avant l'entrée du village, et chacun rentra chez lui, racontant à ses parents que le jeu de piste nocturne s'était bien passé et qu'ils n'avaient eu aucune perte à déplorer.

Ils s'endormirent soucieux : le plus dur était pour demain, parce que là, après ce qu'ils leur avaient fait, ils allaient voir enfin leurs ennemis en face. Et ça allait saigner…

Ils s'étaient donné rendez-vous à la cabane très tôt : à huit heures pile, après c'était plus risqué.

Ils montèrent tous en silence, la bouche sèche : ils pouvaient à peine parler. Leur coeur battait à cent à la minute, ils se mordaient les lèvres et vérifiaient sans arrêt dans leurs poches et dans les sacs à dos si rien n'avait été oublié. Ils avaient pris de l'eau et des sandwiches parce qu'ils risquaient d'attendre longtemps en embuscade.

Vincent avait amené sans le leur dire une trousse à pharmacie et des pansements que lui avait refilés Bertrand le fils du toubib : il prévoyait que la bataille risquait d'être rude. Il installa chacun à son poste sur différents points stratégiques situés en hauteur, au-dessus de la cabane, disposés sur des rochers de granit qui permettraient de voir l'approche de l'ennemi. Il montra à chacun comment se dissimuler avec des branches bien feuillues et leur recommanda de ne plus bouger, même pour pisser : ils devaient rester sur place même pour ça, sans déplacer les feuillages.

Quand il eut placé tout le monde il se posta juste derrière le mur du fond qu'ils avaient reconstruit à la va-vite avec quelques feuillages : il préférait être là au plus près de leurs prises de guerre pour être juste à côté si un ennemi s'approchait du coeur du dispositif.

Il s'accroupit, déposa sa fronde devant lui sur une pierre plate, vérifia sa provision de galets dans le sac en tissu qu'il avait mis en bandoulière, but un coup d'eau pour humidifier sa bouche, essaya de respirer profondément et appuya sur ses carotides pour ralentir et régulariser son coeur : ça aussi c'est Bertrand qui le lui avait appris quand ils étaient scouts ensemble, « Aigle royal » et « Renard du désert ».

Il n'eut pas longtemps à attendre. A neuf heures moins le quart il entendit des craquements de branches puis des murmures étouffés qui montaient vers eux depuis la route de Vabre. Il fit un signe du bras au guetteur le plus proche de lui, qui transmit au suivant : ils arrivent, tenez-vous prêts.

Les assaillants connaissaient le chemin et l'emplacement de la cabane : ils arrivaient vite et directement. Il fallait à tout prix les cueillir par surprise.

Il mit un gros galet dans le lanceur en cuir de sa fronde et fit jouer les élastiques pour les tester et les échauffer.

La troupe adverse commença à se disperser et à s'ouvrir en éventail pour encercler la cabane. Il entendit leur chef leur donner les dernières consignes, et il reconnut sa voix : Frédéric, le fils du boulanger de la rive droite, son rival de toujours, grande gueule, rugbyman, dragueur et faux cul, toujours fourré avec les curés et les bonnes soeurs. Il le laissa approcher. Il se dirigeait visiblement vers l'entrée de la cabane ou ce qu'il en restait. Il marqua un temps d'arrêt devant le seuil pour s'assurer qu'il était bien seul.

Vincent avança juste sa fronde vers le pilier qui faisait l'angle de devant, pivota autour et lâcha le lanceur. Frédéric était de profil et avait sa tête à cinquante centimètres. Il reçut le galet en pleine tempe gauche. Sa tête fit un bruit énorme, une sorte de vibration métallique sourde, comme un gong que l'on frappe avec un marteau.

Sans un cri, il bascula en avant au ralenti et tomba raide comme un arbre que l'on abat.

Son front vint s'ouvrir sur l'angle de la pierre qui jouxtait la porte d'entrée.

VIVIANE

Viviane était serveuse à temps partiel au bar-restaurant du Commerce. Cet été-là elle travaillait presque tous les jours, sauf le samedi après-midi. Cet après-midi là c'était le sien. Elle se l'était réservé exprès, parce que là elle était sûre que tous les gens étaient devant la télé, chez eux ou au bistrot, fascinés par l'écran à regarder le tournoi des six nations, Roland Garros ou le Tour de France. Elle était sûre d'être tranquille pour la fin de la journée.

Alors, dès qu'ils étaient tous en train de hurler devant leur écran, elle se changeait, mettait une mini-robe transparente sans rien dessous, prenait son sac à dos avec des bouteilles fraîches dans sa mini-glacière, sautait sur son vélo et montait vers le four à chaux.

C'était sa résidence secondaire pour le samedi après-midi.

Il était abandonné depuis des siècles, envahi de branches et de ronces. Personne ne passait par là, ni chasseurs, ni cueilleurs de champignons, ni randonneurs.

Dans la pièce du bas s'ouvrait un grand orifice de un mètre soixante de hauteur et deux mètres cinquante de largeur : c'était la bouche du four. C'était là qu'ils mettaient autrefois le petit bois pour allumer l'ensemble, c'est-à-dire toutes les pierres calcaires qu'ils faisaient tomber par le haut du puits et qui chauffaient pendant des heures avant d'être transformées en chaux vive.

Elle s'était approprié cette cavité sombre, l'avait balayée, avait posé au sol des tapis puis un grand matelas en 140 par-dessus.

C'est là qu'elle se tenait tous les samedis après-midi en été et même en automne, tant que la température intérieure ne descendait pas en dessous de seize.

Elle y recevait tous les garçons qu'elle avait mis dans la confidence, ainsi que les amis qu'ils lui présentaient. Jamais d'inconnus.

Parfois un garçon qu'elle connaissait et qu'elle aimait bien lui présentait son petit frère de quinze ans pour une première fois. Elle aimait bien ça les premières fois. Dans ces moments-là elle était très douce, très prévenante, elle lui expliquait tout ce qu'il avait à faire, lui parlait sans arrêt pour le rassurer, le guider et ne pas laisser s'installer un silence inquiétant. Elle le dirigeait avec ses deux mains pour qu'il trouve le bon rythme, l'encourageait à voix basse dans le creux de l'oreille, le calmait pour qu'il n'aille pas trop vite. A la fin, elle le félicitait :

« Tu vois que tu y es arrivé, tu as assuré comme un chef, j'avais presque rien à t'apprendre, on sent que plus tard tu seras un bon baiseur, tu as ça dans le sang. Ta première copine sera super contente, j'en suis sûre. »

Elle avait ses préférés, pour lesquels elle était toujours disponible, mais qu'elle faisait payer quand même. Elle était inflexible sur ça : toujours le même tarif, sinon c'était ingérable. Même pour les premières fois : là c'était le grand frère qui payait, normal, c'était un cadeau d'anniversaire.

Elle ne se contentait pas de fournir un service tarifé, elle ne se gênait pas pour y prendre son plaisir et le faire savoir bruyamment. Plusieurs lui en avaient fait la remarque : « Tu sais, Viviane, à la ville les professionnelles ne jouissent jamais, c'est interdit, elles font juste jouir le client. Comment ça se fait que tu prennes ton pied à chaque fois ? C'est juste avec moi, ou c'est avec tout le monde ?

— Ça c'est mes oignons. Si j'ai envie de me lâcher et de profiter de la situation je me gêne pas. C'est quand je veux, avec qui je veux, et je n'ai de comptes à rendre à personne. Mais je ne fais pas ça que pour l'argent, c'est sûr. Je le fais avant tout pour mon plaisir à moi, et c'est pour ça que je choisis mes clients. S'ils ne me plaisent pas je dis non. J'ai un autre boulot : j'ai pas besoin de ça pour vivre. »

Viviane avait découvert ça à l'âge de quinze ans. Ses parents tenaient un bistrot et un samedi après-midi, alors que tous les clients hurlaient devant l'écran de télé pour un match de rugby France-Ecosse, son copain Jean-François lui avait demandé à l'oreille si elle était d'accord pour faire des trucs sexuels avec lui et ses deux copains : ils la paieraient pour ça bien sûr. Cette proposition l'avait excitée. Le rouge lui était monté aux joues et aux oreilles. Elle avait dit oui tout de suite sans fixer de tarif. Leur avait demandé de faire le tour de la maison en passant par la petite ruelle, de rentrer par la porte de derrière au fond de la cour, et de monter au deuxième étage dans sa chambre.

Pour la première fois, ils lui avaient expliqué ce qu'ils voulaient, mais elle avait vite compris et avait ensuite pris les devants.

Ils étaient repartis tous les trois très contents, et elle était redescendue dans la salle du bar regarder la fin du match. Elle avait gardé les oreilles rouges pendant deux heures, certains clients s'en étaient même aperçus, et lui avaient balancé des vannes.

C'est comme ça que tout avait commencé.

Petit à petit Jean-François lui avait présenté d'autres copains et au bout d'un moment elle lui avait dit qu'il faudrait qu'elle se trouve un coin tranquille loin du bistrot de ses parents, où ils pourraient prendre leurs aises.

C'est là qu'il avait pensé au four à chaux devant lequel il passait tous les soirs pour rentrer chez lui.

Ils avaient nettoyé et aménagé ensemble la chambre basse du four : tapis et matelas. Et ils avaient testé le matelas. Elle était super contente après et lui avait offert un Coca bien frais qu'elle avait gardé dans sa mini-glacière.

« C'est ma chambre maintenant, lui dit-elle, merci de me l'avoir trouvée, tu seras toujours le bienvenu, mais n'oublie pas que j'y fais venir qui je veux ! »

Elle tenait toujours à préciser que c'était elle seule qui décidait de tout dans sa vie. Et elle rejetait avec une ferme violence toute personne, homme ou femme, qui faisait mine de vouloir guider ou régenter sa vie.

Le choix qu'elle avait fait de trouver le plaisir sexuel dans cette forme très particulière de prostitution, certains auraient pu tenter de l'expliquer par des expériences trop précoces imposées par des cousins ou des voisins plus âgés qu'elle. Mais elle ne leur en voulait pas vraiment : ils lui avaient fait découvrir plus tôt que la moyenne un continent dans lequel elle se mouvait depuis avec gourmandise et délectation : celui du corps sexué. Que les partenaires qu'elle choisissait lui donnent de l'argent la mettait à l'abri de toute intrusion de l'émotion, du sentiment ou des dangers de la passion amoureuse. Elle se mettait comme ça à distance des affects, dans une sorte de bulle froide et inaccessible. Et surtout elle restait maîtresse de la situation et de son corps. Qu'elle prenne ouvertement du plaisir dans ces relations-là était une provocation de plus contre la norme que les hommes, proxénètes ou clients, ou les femmes, épouses ou maquerelles, auraient voulu imposer aux prostituées :

« Une prostituée ne doit pas jouir. Ça lui est interdit. »

A la fin de cette journée inaugurale, Jean-François était content lui aussi, d'avoir rendu un service à Viviane, gratuitement.

Et Viviane était rassurée d'avoir enfin un lieu à elle, caché, en pleine nature, un peu comme une de ces cabanes secrètes que ses copains et elle construisaient dans les bois quand elle allait encore à l'école primaire. C'était déjà à l'époque une révolte contre l'ordre des adultes et une transgression festive. Tout ce qu'elle aimait.

Viviane n'avait pas d'éclairage dans son four, alors elle redescendait vers le village au coucher du soleil et reprenait son statut officiel de serveuse au bar-restaurant. Toute la soirée qui suivait elle se sentait mieux, à la fois plus dynamique et plus détendue. La fréquentation des ados lui réussissait décidément mieux que celle des adultes. Elle avait comme ça clivé sa vie entre deux lieux, deux personnages, deux rôles, deux âges, et sa tête aussi était clivée. Elle vivait ainsi, divisée, et ne pouvait vivre qu'à condition d'être divisée.

Elle avait dix huit ans à présent. Elle exerçait son activité secrète depuis trois ans, aurait pu rencontrer des garçons de son âge ou des hommes beaucoup plus vieux qu'elle.

Mais elle refusait. Elle s'en tenait aux adolescents. Le seul un peu plus âgé qu'elle, était Jean-François, son initiateur. Il lui avait ce jour-là ouvert une porte par surprise en lui faisant cette proposition, qui aurait fait fuir toute autre fille, et sa vie avait été bouleversée. Elle qui s'ennuyait toujours autrefois, était maintenant gaie et dynamique, dès qu'elle pensait à son four à chaux et à ses samedis après-midi. Chaque fois que le tournoi des six nations reprenait, elle se souvenait de la première fois pendant ce match France-Ecosse, et était tout excitée à l'idée de recommencer.

Quand elle revoyait sa vie passée, elle se disait qu'elle s'en était plutôt bien tirée : un père alcoolique violent qui tabassait sa mère, une mère méchante qui la tabassait à son tour, des cousins vicieux qui la tripotaient dans les coins, dans le grenier, dans la cour ou dans le jardin dès que les adultes avaient le dos tourné ou picolaient tous ensemble. A l'école elle s'ennuyait et ne supportait pas de rester assise toute la journée à écouter des trucs qui ne lui serviraient à rien, qui n'avaient rien à voir avec la vraie vie. Alors elle avait laissé tomber l'école après avoir raté le Certificat d'Etudes, laissant toutes ses copines partir sans elle au Collège. Elle voulait travailler tout de suite pour se débrouiller seule et partir de chez ses parents : ils avaient été tout de suite d'accord avec ce projet. Elle aurait voulu faire coiffeuse ou esthéticienne, mais là aussi il fallait s'asseoir, suivre des cours et apprendre des trucs par coeur. Elle aurait aimé sinon faire bergère et partir dans la montagne avec son chien et son troupeau de brebis pendant toute l'estive. Mais on lui avait dit qu'elle était trop jeune et que de toute façon c'était un boulot d'homme. Alors elle avait accepté un temps partiel comme serveuse dans un autre bar-restaurant du village. Elle était toujours en salle, jamais derrière le comptoir : ça c'était la place du patron d'où il pouvait tout surveiller. Et elle avait intérêt à filer droit et à ne pas être trop familière avec les clients, parce qu'il pouvait être féroce quand il se mettait en rogne. Il fallait surtout qu'elle fasse très attention avec les habits qu'elle mettait : pas de minijupe, pas de robe transparente, pas de débardeur ni de décolleté plongeant. Elle le savait et réservait tout ça pour ses sorties du samedi après-midi. Moyennant quoi il lui fichait la paix. Finalement ils s'entendaient bien tous les deux, mais la patronne avait l'oeil sur eux. Elle le connaissait son zozio.

Le troisième été venait de commencer. Tous les ados étaient en vacances et déambulaient désoeuvrés dans les rues ou s'attablaient aux terrasses des bistrots en regardant passer les filles. Elle voyait parfois ses vieilles connaissances qui lui faisaient un clin d'oeil complice ou un petit coucou de loin. Certains lui glissaient même « A samedi... » Que des bons souvenirs. De toute façon, si ça se passait mal une fois, elle refusait de les revoir. Elle ne gardait que les clients qui lui convenaient.

Le premier samedi de juillet arriva. Elle était tout excitée en préparant sa glacière de boissons et en remettant sa petite robe transparente sans rien dessous. Elle l'adorait celle-là, c'était le signe que l'été commençait et qu'elle allait pouvoir profiter au maximum de son grand matelas, et faire peut-être de nouvelles rencontres intéressantes : quelques copains avaient sûrement invité des potes à venir passer quelques jours au village ; elle avait vu de nouvelles têtes qui la dévisageaient et semblaient intéressées.

Elle rangea son vélo dans l'entrée du four et s'installa confortablement.

Aurélien arriva le premier et lui présenta son petit frère Maxime, 15 ans tout juste. C'était son anniversaire, alors il avait décidé de lui offrir un cadeau inoubliable : une première fois avec une professionnelle à qui il faisait entièrement confiance. Maxime était très timide, mais la présence discrète de son frère aîné le rassurait. Tout se passa pour le mieux, et il sortit du four en poussant un grand soupir de soulagement. Il était écarlate et avait le regard tout bizarre, comme s'il avait fumé. Il se jura de revenir tout seul tous les samedis. Il le dit à Aurélien en le remerciant avec effusion, pendant que celui-ci prenait sa place après avoir bu un Coca glacé offert par Viviane. Elle adorait ce moment où une autre odeur, un nouveau corps se collait à elle, alors qu'elle était encore remplie de la présence du précédent.

Elle passa un après-midi très varié avec des techniques très diverses, des goûts très différents, des rythmes changeants mais qui lui convenaient tout à fait. Elle n'arrêta pas de jouir jusqu'au coucher de soleil. Elle avait l'impression que son corps se remplissait, s'enrichissait de toutes ces vibrations et de toutes ces sécrétions voluptueuses.

Jean-François arriva avec son copain Etienne en fin d'après-midi, épuisé par son match de rugby, un bleu sur la pommette mais l'oeil coquin et tout excité de la retrouver toute chaude sur son matelas et pleine des odeurs des autres. Elle le déshabilla lentement avec des gestes tendres, l'allongea sur le dos et commença à le caresser avec la main puis avec la langue, et peu à peu se mit à le sucer lentement. Elle était à genoux assise sur les talons à côté de lui, son corps perpendiculaire au sien, et à chaque mouvement de la tête l'absorbait de plus en plus profondément, jusqu'à lui offrir enfin ce qu'il aimait par dessus tout : « gorge profonde ».

Jean-François regardait béatement le haut du puits du four quand un roulement sourd lui fit froncer les sourcils. Quelques briques de la paroi commencèrent à tomber. Il s'en prit une sur la tête et eut juste le temps de se dégager de Viviane et de rouler sur le côté vers la sortie de la chambre basse. Il se retrouva au sol, se releva comme une flèche pendant que tout le four s'effondrait dans un vacarme terrifiant accompagné d'un nuage de poussière qui explosa en arrivant au sol. Etienne le tira par le bras hors de ce nuage et ils se retrouvèrent à vingt mètres du tas de briques qui s'était entassé sur dix mètres d'épaisseur.

Viviane n'avait pas bougé. Elle était là-dessous, morte, écrasée par la montagne de briques qui lui était tombée sur le dos et asphyxiée par le nuage de poussière de chaux.

Jean-François, le visage ensanglanté, restait là, les bras ballants, en larmes, répétant machinalement « Viviane, Viviane ».

Puis il se secoua violemment, comme s'il se réveillait après un KO, et se mit à hurler :

« Il faut la sortir de là, il faut appeler les pompiers, aller chercher des pelles et des pioches, vite, vite, elle va mourir et c'est de ma faute, j'ai roulé sur le côté et je ne l'ai pas entraînée avec moi, je l'ai abandonnée comme un lâche ! »

Son copain Etienne lui parla doucement en le soutenant, son bras passé autour de ses épaules :

« Il n'y a rien à faire mon vieux. C'est pas toi, c'est ton instinct qui t'a poussé sur le côté et t'a sauvé la vie. Elle s'est pris trois tonnes de briques dessus, elle est morte sur le coup ; avec en plus toute la chaux vive qui était restée accrochée aux parois sur dix mètres de hauteur et qui lui a rempli les poumons.

Il paraît que la chaux vive dissout les cadavres. J'ai lu ça dans un polar. On retrouvera rien d'elle. »

Il réussit à le convaincre de laisser Viviane là-dessous, dans son tombeau, et ils redescendirent vers le village.

Aux infos de vingt heures ils comprirent ce qui s'était passé :

« Une secousse sismique de magnitude 4 sur l'échelle de Richter a été ressentie ce soir à dix huit heures aux alentours des Monts de Lacaune et de la Montagne Noire.

On ne déplore aucune victime. »

ANAÏS

Anaïs avait enfin réussi à obtenir sa mutation pour ce poste d'institutrice (Professeur des Ecoles comme on dit maintenant) pour rapprochement conjugal, à la rentrée précédente.

Après ses études à l'IUFM d'Albi elle s'était mariée avec Lucien et lui avait fait deux enfants en trois ans, Romain et Solange.

Lucien était le menuisier du village, sérieux, compétent, honnête, pas cher, sollicité de partout, même des villages lointains.

Elle l'avait rencontré dans un bal du 14 juillet. Il bougeait bien sur la piste, comparé à ses copains, ne buvait pas trop, ne cherchait pas systématiquement comme tous les autres à frotter son bas-ventre contre elle en dansant. Quand elle lui avait dit qu'elle était institutrice et célibataire il n'avait pas pris la fuite sous un prétexte bidon. Il lui avait avoué qu'il était impressionné et même complexé, mais que décidément il la trouvait tellement jolie qu'il ne pouvait pas renoncer à tenter sa chance. Son ton à la fois enjoué et discret lui avait plu et elle avait accepté de le revoir à plusieurs reprises le week-end, tantôt chez elle, tantôt chez lui.

Ils avaient fait l'amour la première fois dans un bois au-dessus du village, dans l'herbe, sous les hautes fougères, et elle avait aimé ça. Il faisait l'amour lentement, en douceur, en s'appliquant, en lui laissant le temps de gravir à son rythme toutes les marches. On aurait dit qu'il était à l'écoute de ce qu'elle ne pouvait pas lui dire par pudeur. C'était très différent de ce qu'elle avait connu jusqu'ici : des partenaires trop pressés, trop brutaux ou trop sportifs, soucieux d'assurer, de bander, d'éjaculer, vite et fort, et de lui prouver qu'ils étaient des mecs, des vrais. Elle en gardait l'impression de ne les avoir jamais vraiment rencontrés. Ils étaient juste passés sur son corps, mais l'avaient ignorée et ratée.

Alors, quand il lui avait proposé de se mettre ensemble, elle avait dit oui tout de suite.

Il ne pouvait pas déménager son atelier de menuiserie. Elle pouvait par contre demander une mutation. Et en attendant elle accepta de faire deux fois par jour les quinze kilomètres qui séparaient leurs deux villages.

Elle vécut quelques années sur un petit nuage. Il était adorable. Quand il arrivait le soir, elle était sa princesse, sa petite reine, sa muse. Il lui récitait des poèmes qu'il avait appris pendant la journée ou dont il se souvenait depuis l'école. Il lui offrait des fleurs à tout propos. Elle faisait des efforts pour ne pas rater tous les plats dont elle avait repéré la recette dans *Avantages* ou *Femme actuelle*. Elle s'efforçait de ne pas lui parler des romans trop compliqués qu'elle lisait en douce quand il n'était pas là. Elle le ménageait et le protégeait.

Elle eut envie très vite de faire des enfants avec lui. Il lui dit qu'il en avait rêvé depuis la fin de l'adolescence. Elle sentait que père serait un rôle qui lui conviendrait à merveille. Il commença à lui raconter comment il allait apprendre la menuiserie à son fils ou le jardinage à sa fille. Ou l'inverse. Sait-on jamais ?

Donc ils firent ces deux enfants, garçon et fille, dans l'ordre : Romain puis Solange.

Pendant les deux grossesses il s'éloigna un peu d'elle, par peur de lui faire mal, par pudeur, par respect, par délicatesse, pour ne pas lui demander de faire des choses dont elle n'avait pas forcément envie. Et puis peut-être aussi parce que dans sa tête elle devenait désormais « mère » après avoir été jeune fille, femme, séductrice, objet de désir, initiatrice de jeu et d'excitation, provocatrice, coquine…

Son éloignement était pour lui une manière de simplifier et de clarifier les choses. Après l'accouchement on verrait.

Sauf qu'après les accouchements elle ne vit rien changer. Il était toujours très gentil avec elle, amoureux de ses enfants, attentionné et disponible. Il ne sortait jamais avec ses anciens copains. Il était à la maison dès qu'il fermait l'atelier. N'allait jamais au bistrot. Irréprochable.

Alors elle se dit que maintenant il ne changerait plus. Que leur vie roulait désormais sur des rails rectilignes. Droit vers la mort.

Que tous ses rêves à elle, de vie, de pulsions, d'envies, de désirs fous, de rires imprévus et irrépressibles, faisaient partie du passé. Qu'il était devenu juste le père de ses enfants. Qu'il le faisait très bien. Que ça lui suffisait à lui. Qu'il était comblé.

Et elle désespérée.

Comme s'il ne lui restait plus qu'à devenir vieille. Comme si sa vie était définitivement bouclée.

Et ratée.

José arriva le deuxième vendredi de septembre à dix sept heures. Il était venu chercher sa fille à l'école. Pour le week-end. José venait de divorcer et il découvrait les joies du week-end sur deux.

Anaïs ne l'avait jamais vu. C'est Clara qui lui dit : « Maîtresse ! C'est mon papa ! »

Anaïs se dit : « Mon Dieu ! comme elle lui ressemble ! le même front, les mêmes yeux, les mêmes fossettes ! on ne peut pas se tromper : c'est bien son père ».

Il s'approcha, lui serra la main sans la lâcher des yeux, et lui dit : « Bonsoir. Je suis José, le père de Clara. Je suis content qu'elle soit avec vous cette année. Elle n'arrête pas de me parler de vous tous les week-ends... enfin, un week-end sur deux. »

Ils rirent tous les deux.

Clara serrait les jambes de son père avec son bras droit, mais sans lâcher la main d'Anaïs, et ils se retrouvaient au milieu de la cour, gênés, constituant une sorte de figure inhabituelle et déconcertante : l'élève, la maîtresse d'école et le papa.

Il n'arrivait pas à détourner son regard de ses yeux, et lui dit finalement, ne sachant que faire : « Je vous la ramène lundi matin. Promis. » Il lui tendit sa carte de visite en ajoutant : « Au cas où Clara aurait un problème. J'aimerais bien que vous me teniez au courant moi aussi. »

Ils s'éloignèrent tous deux main dans la main, Clara sautillant d'un pied sur l'autre et la tête en l'air, regardant son père et lui annonçant déjà tout ce qu'elle avait l'intention de faire ce week-end-là.

Anaïs regarda la carte, vit la profession « Ingénieur des Ponts, des Eaux et des Forêts » et l'adresse « 81260 Ferrières ».

Elle resta songeuse toute la soirée, répondant mécaniquement aux questions de Lucien, et s'énervant à plusieurs reprises contre les enfants qui étaient tout excités comme tous les vendredis soir.

Après avoir débarrassé la table et couché les enfants, elle monta à l'étage et se cala devant son ordinateur qu'elle alluma machinalement comme tous les soirs. Mais elle resta sur l'écran d'accueil et partit dans ses rêveries sans ouvrir aucune page.

Elle resta là deux heures, et toutes ses pensées la ramenaient à José et à Clara, main dans la main, partant en riant vers leur week-end en amoureux.

Elle était surtout fixée sur la tête de José, son visage bronzé et labouré de rides, ses cheveux noirs et longs, un peu grisonnants sur les tempes, retombant sur les épaules de sa veste en velours, ses yeux plissés, noirs, brillants et rieurs par moments, mais revenant très vite à une expression triste, ses épaules hautes, larges et lourdes, un peu fatiguées mais rassurantes, sa démarche lente et asymétrique, comme s'il boîtait légèrement.

Mais surtout elle ne pouvait s'empêcher de revoir la courbe de ses lèvres pulpeuses bougeant lentement pendant qu'il lui parlait et qu'elle n'arrivait pas à entendre ce qu'elles pouvaient bien dire, tant elle n'était fixée que sur elles.

C'était ça qui l'inquiétait.

Elle passa un week-end d'ennui, à faire juste les gestes nécessaires qu'on attendait d'elle. Elle s'efforça de répondre gentiment à tout le monde, de ne pas s'énerver, de faire la cuisine et le ménage sans râler contre les autres qui mettaient le souk dans toutes les pièces. Elle réussit à trouver une demi-heure de répit qu'elle passa allongée à bronzer au bord de la piscine (c'était la fin de la saison), à faire semblant de lire. Mais en fait, derrière ses lunettes de soleil la tempête continuait. Elle revenait toujours à José. Pensait au moment où elle le reverrait lundi matin avec Clara, et était catastrophée.

« Qu'est-ce qui t'arrive ma fille ? Tu es folle de penser toute la journée à ce mec divorcé qui n'en a rien à foutre d'une femme mariée avec deux gosses, instit en plus, pas belle, ignare en matière de sexe, pleine de cellulite déjà. Laisse tomber, retourne à tes bouquins et arrête de te faire des films, comme Madame Bovary. »

Pendant toute la nuit de dimanche, elle resta les yeux ouverts à regarder fixement le plafond. Lucien ronflait paisiblement à côté d'elle. Ils ne s'étaient pas touchés depuis deux mois. Mais ne s'étaient pas disputés non plus. De l'extérieur rien à signaler. Tout allait bien dans le couple.

Elle prépara le petit déjeuner pour tout le monde et prit sa voiture pour rejoindre son école. Elle se gara sur le parking des marronniers à cinquante mètres et se hâta vers le portail. Ils étaient déjà là, heureux d'être ensemble et ravis de la revoir. Clara lâcha la main de son père et se précipita vers elle, lui entoura les hanches avec ses petits bras puis lui demanda de la soulever pour lui faire la bise. C'était comme un passage de relais. Elle sentait que rien ne pouvait lui arriver en passant de l'un à l'autre, et que la chaleur de l'amour était présente des deux côtés.

Clara fila vers le préau retrouver sa classe en sautant à cloche-pied, laissant Anaïs et José face à face, un peu désemparés devant ce qu'il convenait de se dire dans une telle situation.

« Clara a l'air d'aller bien après ce premier week-end avec son papa.

— Oui, ça s'est super bien passé entre nous. C'est pas évident de se retrouver en couple avec sa fille, mais elle a tout fait pour me faciliter les choses. Elle a été adorable. Elle est très contente d'être en CE2 avec vous. En fait elle n'a pas arrêté de me parler de vous. Vous êtes devenue quelqu'un de très important pour elle. Tout ce que vous dites c'est parole d'évangile. Je ne dis pas ça pour vous mettre la pression mais parce que je crois qu'elle a beaucoup de chance d'être tombée sur la bonne personne au bon moment. Un divorce c'est jamais facile pour une gamine de cet âge. Elle est super gentille et intelligente, et elle comprend beaucoup plus de choses qu'on ne croit. Enfin, je dis ça, mais je suppose que vous vous en étiez déjà aperçue. »

Anaïs était subjuguée par tous ces mots calmes et puissants qui tombaient de ses lèvres. Elle ne sut que répondre. Elle se contenta de hocher la tête et de sourire en se frottant les mains comme si elles étaient froides ou sales. Elle tourna les talons sans oser lui serrer la main. Mais son corps entier avait senti comme une évidence que ce n'était pas de lui serrer la main dont elle avait envie : quand sa manche de velours l'avait frôlée tout à l'heure, un long frisson l'avait parcourue, remontant du ventre jusqu'aux cheveux. Elle s'était enfuie terrorisée, et réfugiée auprès de ses élèves.

Quinze jours passèrent. Elle dormait toujours aussi mal, restait des dizaines de minutes en arrêt, comme figée et perdue dans une rêverie intérieure. Lucien devait lui répéter trois fois les mêmes trucs. Ses enfants devaient la secouer pour la faire atterrir. Son idée obsédante devenait chaque jour un peu plus envahissante. Quant elle circulait dans le village pour faire ses courses elle croyait voir passer le Land Rover vert et noir de José. Quand elle partait seule faire du vélo le mercredi après-midi ou le week-end, elle se dirigeait instinctivement vers la route de Ferrières, espérant toujours le croiser.

Elle n'en pouvait plus, était au bord de l'explosion. Il fallait absolument qu'elle fasse quelque chose pour mettre fin à cette tension insupportable. Le week-end du dix octobre elle prit sa décision.

Le lundi matin elle s'avança au devant de José et Clara, à l'entrée de l'école, fit la bise à Clara, la laissa filer en courant vers ses copines, puis se planta devant José, chercha son regard, se mit à se dandiner d'un pied sur l'autre, avala sa salive et lui dit très vite, comme si elle avait enregistré un texte et que la bande passait trop rapidement :

« Il faut que je vous parle, et ce que je dois vous dire est très gênant pour moi. J'ai très peur de votre réaction, mais je ne peux plus garder ça pour moi : ça me mine, il faut que ça sorte, quoi qu'il arrive.

Voilà : je suis très attirée par vous, physiquement, depuis le début, depuis la rentrée des classes. Je sais que ça ne se fait pas, ne le prenez pas mal, mais je suis soulagée de vous l'avoir dit. »

Elle cessa de se dandiner, lui sourit timidement et se dit qu'elle devait avoir les joues toutes roses et les oreilles rouges. En tout cas elle avait brusquement très chaud. Sa bouche qui était complètement sèche recommença à sécréter de la salive. Elle faillit tourner les talons et rejoindre ses élèves en courant, mais à ce moment-là il bougea les lèvres et lui dit avec un petit sourire :

« C'est dingue ! moi aussi je ressens depuis le début cette attirance pour vous. Mais je me suis interdit de vous le dire jusqu'ici pour ne pas perturber votre vie de femme mariée et de mère de famille. Et puis je n'aurais jamais deviné que vous ressentiez la même chose. »

Ils restèrent plantés là face à face quelques secondes, ne sachant ni l'un ni l'autre que faire de tous ces mots qu'ils avaient posés là, dans la réalité. Qu'allaient-ils faire, maintenant qu'ils avaient ajouté ces mots entre eux deux, maintenant que la chose était dite ? D'autres paroles ? des gestes ? ou des silences ? Ils venaient de mettre un pied sur un continent inconnu dont ils ne possédaient ni la carte ni le mode d'emploi. Tout ce qui allait suivre devrait être improvisé.

Il sentit qu'elle avait vraiment besoin de partir en courant vers sa classe, alors il ajouta simplement : « Si vous voulez, vous pouvez m'appeler sur mon portable, me laisser un message ou un texto. » Et il se dirigea vers son Land Rover.

Elle attendit une semaine pour essayer de s'apaiser et de reprendre les choses à froid et au calme. Mais très vite elle comprit que ce qui s'était dit était trop ou pas assez, et que maintenant elle ne voulait plus de mots. Il fallait qu'elle vérifie si au-delà des mots il y avait vraiment entre eux cette attraction magnétique unique qui remettait tout en question pour elle : son mariage, ses enfants, ses parents, ses amis, son métier. Et elle se dit dans un éclair de lucidité et de terreur qu'elle était prête à sacrifier tout ce passé pour se jeter à corps perdu dans ce qui se dessinait vaguement sous ses yeux et à quoi elle ne pouvait encore donner de nom.

Alors elle l'appela au bout de neuf jours, un mercredi. Elle pensait avoir assez réfléchi et être prête. Elle laissa sonner, était déjà sur le point de raccrocher, quand elle reconnut sa voix grave et chaude :

« Bonjour. Tout va bien ?

— Oui et non. J'aimerais absolument vous revoir, en tête à tête cette fois-ci, pour être sûre de ce que je ressens pour vous.

Je peux me libérer le mercredi après-midi ou pendant les vacances scolaires, toujours l'après-midi.

Je ne voudrais pas venir chez vous, puisque je ne peux pas vous inviter chez moi. Alors ailleurs. Où vous voudrez.

— Dans la nature, je crois que ce serait bien. Je connais une ancienne cabane de bergers et de bûcherons, abandonnée, dont j'ai refait le toit en branchages. Je m'y arrête parfois pour casser la croûte ou pour faire la sieste au cours de mes tournées. Elle est accessible par un chemin qui débouche sur la route de Ferrières, sur la droite, deux kilomètres après la sortie du village. Je garerai mon Land Rover juste avant le chemin : vous ne pourrez pas le rater. Venez à vélo : vous pourrez le cacher facilement sous les fougères. A 14 heures, ça ira ? On dit mercredi prochain ? S'il y a un problème vous annulez. Je comprendrai. »

Elle raccrocha sans même lui dire d'accord ou au revoir. Elle ne pouvait plus parler.

Elle avait choisi le mercredi après-midi pour l'appeler parce qu'après elle n'avait pas à retrouver ses élèves. Ses enfants avaient leurs activités jusqu'à dix huit heures, et son mari ne revenait pas avant dix neuf heures. Elle aurait le temps de digérer toute cette masse d'émotions, de se calmer et de se composer un visage neutre pour la soirée. Il lui fallait bien un après-midi entier pour calmer tout ça.

Elle avait à présent une semaine devant elle pour savoir si elle était sûre de vouloir aller dans la cabane, pour vérifier si son désir était toujours aussi impérieux, et si elle était capable d'affronter tous les risques.

Toute la semaine Clara vint se coller à elle à chaque récréation et lui parler de son papa qu'elle voyait trop peu et de sa maman qui s'était installée avec un nouveau copain, gentil mais un peu bohème.

Le week-end fut le plus long de l'automne. Elle essaya d'organiser des activités pour tous, afin de ne laisser aucune plage libre dans l'emploi du temps. Elle parlait très vite, sautait partout, était toujours en mouvement, riait à tout moment, et surtout évitait de s'arrêter et de se poser pour réfléchir.

Elle avait décidé. Il ne fallait plus réfléchir.

Elle expédia le repas du mercredi midi, remplit le lave-vaisselle, envoya les enfants à leurs activités, fit la bise à son mari, prit son sac-à-dos et enfourcha son vélo comme tous les mercredi après-midi. Direction la route de Ferrières.

Après le passage à niveau, le Land Rover était là, garé sur le bord de la route, avant l'entrée du sentier. Son coeur battait à 130 en continu, elle étouffait. Elle mit pied à terre, poussa le vélo sur dix mètres en remontant le chemin, le coucha sous les fougères, et continua en courant vers les bois qui l'attendaient un peu plus haut avec leur ombre accueillante. Au bout de trois lacets il était là, debout sur un rocher de granit, avec son chapeau sur les yeux, la regardant avancer avec un regard qui lui parut à la fois bienveillant et amusé. Elle ne ralentit pas sa course et se jeta contre son torse, se suspendit à sa nuque et alla chercher directement sa bouche avec une avidité qui la saisit elle-même. Ils avaient enfin aboli la distance. La société était très loin derrière eux, en bas, vers le village. La forêt était leur refuge.

Ils s'embrassèrent longuement, avec une fougue parfois ponctuée de pauses plus langoureuses. Elle ne savait plus combien de temps ils étaient restés là, debout sur ce rocher, collés l'un à l'autre, à se dévorer comme si leur vie en dépendait.

Puis ils se mirent à marcher sur le sentier en se tenant par la taille, sans qu'elle sache qui avait amorcé le mouvement. Ils remontèrent vers la cabane, toujours sans un mot, entrèrent sous les voûtes des hêtres, baissèrent la tête en évitant les branches basses. Seuls les craquements des feuilles sous leurs pieds, les bruissements des fougères et les piaillements des oiseaux dérangés les accompagnaient dans cette procession presque initiatique vers le lieu qu'ils avaient choisi pour accomplir l'irréversible.

Il s'arrêta et lui montra en souriant un mur de pierres sèches percé d'une entrée basse s'ouvrant sous un linteau constitué par une longue dalle plate. Le toit de lauzes avait dû s'effondrer et il avait été remplacé par des petits troncs parallèles posés horizontalement et recouvert de branchages. Il écarta les branches qui cachaient l'entrée, la fit entrer et lui présenta en s'excusant une pièce sombre et fraîche au sol recouvert d'un tapis de feuilles mortes sur lequel il avait déposé un matelas en mousse de 120. Il posa son sac à dos et en sortit une demi-bouteille de Champagne, deux coupes et un panier de fraises. Mais elle lui prit les mains et lui dit dans un souffle : « Non. Après. »

Elle n'en pouvait plus d'attendre. Il fallait qu'elle sache si le miracle allait se produire. Il comprit ça tout de suite parce qu'il ressentait lui aussi cette force qui le poussait vers son corps, et aussi la terreur que tout cela se termine en fiasco. Il avait très peur de n'avoir plus envie de la revoir à la fin de l'après-midi, et de s'être une nouvelle fois trompé et forgé des illusions.

Ils étaient tous les deux terrorisés.

Alors ils commencèrent à se déshabiller mutuellement avec des gestes d'abord lents et respectueux puis de plus en plus vifs et impatients. Ils marquèrent un temps d'arrêt pour se regarder à deux mètres de distance avant de se jeter l'un contre l'autre et de rouler sur le matelas dans un corps à corps furieux.

Anaïs ne savait pas ce qui se passait. Ce qu'elle ressentait dans tout son corps n'avait rien à voir avec ses sensations conjugales ou avec ses émotions adolescentes. C'était quelque chose de violent qui la prenait dans le creux du ventre et qui explosait vers toute la surface de sa peau, son cou, sa tête, son dos, ses épaules, ses fesses, ses jambes, ses pieds : elle était prise dans cette déferlante, et elle était secouée là-dedans, sans défense, comme un fétu de paille emporté par le courant dans les rapides.

Elle ne comprit pas ce qui s'était passé. Elle avait traversé le miroir et était dans une autre dimension. Elle ne ressentait aucune fatigue, n'était absolument pas repue, se sentait capable de recommencer et d'avoir envie, encore et encore. Il comprit ça et lui dit : « C'est fou. On pourrait continuer pendant des jours, et on n'en aurait jamais assez. »

Il l'obligea presque à partir à dix huit heures pour que ses enfants ne s'inquiètent pas.

Ils échangèrent un long baiser et se dirent : « A mercredi prochain. »

Le retour à la maison fut compliqué pour Anaïs. Tout en pédalant sur son vélo elle essayait d'analyser ses sensations. Elle ne reconnaissait plus son corps. L'intérieur avait été bouleversé par un maelström qui avait déplacé des organes, en avait créé d'autres, avait ouvert des voies par où des sensations inédites s'avançaient. Les explosions successives dans sa tête avaient fini par créer un état second proche de l'hypnose, mais aussi une euphorie tranquille, comme si elle n'avait pour la première fois de sa vie plus besoin de rien. Comme si l'état de manque s'était définitivement éloigné d'elle. Elle se dit même à un moment en riant à moitié : « C'est ce qu'on doit ressentir au moment d'un shoot d'héroïne... »

Elle retrouva ses enfants, puis son mari, reprit les gestes et les paroles mécaniques, préparer le repas, mettre la table, demander à chacun comment s'était passé l'après-midi, ranger, regarder les programmes télé, décider qu'il n'y avait rien d'intéressant, et enfin remonter devant son ordinateur pour que tout s'arrête et qu'elle puisse se retrouver seule avec elle-même, avec cette nouvelle elle-même qu'elle devait maintenant découvrir et apprendre à aimer.

Comment était-ce possible ? Comment avait-elle pu changer à ce point en trois petites heures ? Comment avait-elle pu passer à côté d'elle-même pendant toutes ces années ?

Elle l'avait échappé belle ! Elle pensait encore le mois dernier que sa vie était finie, et ratée !

Comme tout cela lui semblait loin et risible à présent ! Elle avait ouvert la porte et était passée de l'autre côté : du côté de la vie, du corps, du désir, de la jouissance, de la joie, du rire et de la folie. Elle ne pourrait plus refermer cette porte et revenir en arrière, et de toute façon, elle n'en avait pas du tout l'intention.

Quatre mois passèrent. Elle attendait le mercredi après-midi avec un certain calme à présent : elle savait qu'il ne pouvait lui apporter aucune déception. Puis la deuxième semaine des vacances scolaires arriva. José était seul, et ils se virent deux fois.

Tous les matins elle l'avait sous les yeux dès qu'elle voyait Clara se précipiter vers elle, avec ses yeux, son front et ses fossettes, et son rire répandant la vie autour d'elle.

Pendant tous ces mois elle n'avait jamais parlé de divorcer et de s'installer avec lui. Il ne lui avait jamais touché un seul mot de tout ça. Il se contentait de lui dire que leur rencontre avait été miraculeuse et qu'il ne voulait pas qu'elle doive la payer par des complications ou des désagréments. Il savait qu'elle était attachée à ses enfants par un lien d'amour fou, lui aussi, et il ne voulait pas mettre les deux choses dans les plateaux de la balance. Clara aussi était pour lui essentielle et vitale.

Alors ils continuaient comme ça, à leur rythme et à leur manière, à s'insuffler de la vie toutes les semaines, en essayant de ne pas gâcher ce petit miracle, et de ne faire souffrir personne.

Le dix février, Lucien travaillait au Café du Commerce. Le patron lui avait demandé de venir en urgence réparer la porte en bois de son vieux frigo sous le comptoir : elle s'était vrillée et n'était plus jointive. La fermeture métallique et les charnières étaient nickel, mais il fallait changer les deux panneaux en bois de merisier. Lucien était assis derrière le comptoir et commençait à démonter la porte.

Il entendit la voix bien connue d'Antoine qui venait d'entrer dans le bistrot, le dernier braconnier de la commune, qui arrivait à neuf heures prendre son café arrosé, après avoir travaillé toute la fin de nuit à relever les collets dans les bois sur la route de Vabre. Sa gibecière était pleine de jeunes lapins de garenne pris au piège, qu'il venait proposer aux restaurateurs, en essayant de cacher leurs oreilles qui cherchaient à s'échapper. Et sa voix trahissait les quelques litres de rosé qu'il avait dû écluser pendant la nuit pour tenir le coup.

Il s'installa et commença à raconter au patron ses difficultés financières, les impôts, les taxes, les amendes infligées par le garde-chasse, plus le procès qu'il lui avait intenté pour menaces de mort.

« Alors que pendant ce temps certains fonctionnaires se gobergent tranquilles. J'en ai repéré un, un ingénieur des eaux et forêts, qui fout rien de la journée, qui se balade dans les bois pour soi-disant surveiller les arbres. Comme si les arbres avaient besoin d'être surveillés ! Comment ils faisaient au XVII° siècle les arbres pour pousser, avant qu'il y ait des fonctionnaires partout ? Celui-là il habite à Ferrières et il a oublié d'être con. Il s'est retapé une cabane de berger tout là-haut, il y a installé un matelas, et il y fait venir les jeunes dames mariées, enfin celles qui sont libres le mercredi après-midi et pendant les vacances scolaires... Tu m'as compris. Il s'emmerde pas. Enfin, du moment qu'il trouve des candidates... »

Lucien resta sous le comptoir avec son tournevis immobile dans la main droite. Son coeur s'arrêta, son sang reflua et il sentit un froid énorme dans sa poitrine et dans sa tête, mais comme il était assis par terre il ne tomba pas.

Il eut juste le temps de se dire :

« Ma vie est finie. Je suis mort. J'ai perdu tout ce que j'avais. Je ne sais pas pourquoi ça m'arrive. J'avais tout fait comme il faut pourtant, et voilà que tout s'écroule. Il s'est passé quelque chose d'imprévisible, d'énorme, qui vient de faire exploser ma vie. Je n'existe plus.

Il faut à tout prix que j'efface tout ça, très vite : ça ne peut pas exister. »

La semaine suivante il s'échappa le mercredi de l'atelier vers quinze heures, prit son vélo et pédala vers la route de Ferrières. Il s'arrêta dès qu'il vit le Land Rover, planqua son vélo et remonta le sentier en faisant attention au moindre bruit. Il n'eut pas longtemps à attendre : au bout de trois cent mètres il reconnut la voix d'Anaïs qui hurlait de plaisir et disait des choses qu'il ne voulut pas écouter. Il tomba assis à vingt mètres de la cabane et se boucha les oreilles pour ne pas entendre la suite. Puis il redescendit sans bruit vers la route, et sur le chemin du retour prit sa décision calmement, sans hésiter.

Le mercredi suivant il était prêt. Il mangea à midi avec Anaïs et les enfants. Attendit qu'ils partent tous : Anaïs faire sa promenade à vélo, et les enfants vers le stade et le club de basket. Il descendit au garage, rangea dans son sac à dos un bidon d'essence, mit à l'épaule son fusil pour la chasse au sanglier et glissa dans la poche de son bleu une boîte de cartouches et un briquet. Puis il partit à vélo, d'abord vers la Poste où il déposa quatre lettres qu'il avait écrites le matin même à l'atelier, et ensuite vers la route de Ferrières.

Quand il arriva à la cabane il n'entendit aucun bruit et eut peur qu'ils ne soient pas revenus. Il s'approcha, regarda à travers les branches qui barraient l'entrée, et les vit tous les deux, nus, couchés, enlacés, leurs jambes imbriquées, leur peau éclairée par un rayon de soleil qui traversait le toit et venait les caresser à travers les feuilles, faisant sur eux des battements d'ailes de papillons. Ils dormaient, repus. Anaïs avait posé sa tête sur l'épaule gauche de José, ses longs cheveux dorés étalés sur son torse velu. Lui, serrait les épaules d'Anaïs avec son bras gauche et avait posé sa main droite sur sa fesse gauche, dans un geste d'appropriation et de protection. Ils étaient là tous les deux, parfaits, immobiles, complémentaires, emboîtés l'un dans l'autre, comme deux pièces de bois assemblées en queue d'aronde, c'est l'image qui lui vint, définitivement inséparables.

Alors, très calmement, il leur tira une cartouche à chacun dans la tête, à bout portant.

Puis il répandit mécaniquement le bidon d'essence autour d'eux sur le matelas, sortit lentement de la cabane, s'assit devant la porte, mit le feu à son mouchoir avec le briquet et le jeta à l'intérieur.

Quand la cabane fut en feu et que les flammes commencèrent à s'attaquer aux broussailles alentour, il posa doucement son menton sur la bouche du canon de son fusil, ferma les yeux, et appuya sur la détente.

Le lendemain matin, Romain, Solange et leurs deux mamies reçurent par la Poste une lettre d'excuses signée de Lucien.

TABLE

Peggy p. 7

Darling 71

Frédéric 93

Viviane 117

Anaïs 135

www.ingramcontent.com/pod-product-compliance
Lightning Source LLC
Chambersburg PA
CBHW060755050426
42449CB00008B/1411